고장 난 거대 기업

1판 1쇄 2013년 3월 11일
1판 9쇄 2023년 9월 11일

기획 좋은기업센터
지은이 이영면 정란아 신태중 전채연
그린이 정혜용
펴낸이 조재은
편집 임중혁
본문디자인 나지은
관리 조미래

펴낸곳 (주)양철북출판사
등록 2001년 11월 21일 제25100-2002-380호
주소 서울시 영등포구 양산로 91 리드원센터 1303호
전화 02-335-6407
팩스 0505-335-6408
전자우편 tindrum@tindrum.co.kr

ISBN 978-89-6372-079-1 03300
값 12,000원

© 좋은기업센터·이영면·정란아·신태중·전채연, 2013
이 책의 내용을 쓸 때는 저작권자와 출판사의 허락을 받아야 합니다.

잘못된 책은 바꾸어 드립니다.

고장 난 거대 기업

우리 시대 기업에 따뜻한 심장 달기

좋은기업센터 기획 | 이영면 정란아 신태중 전채연 씀

양철북

책을 펴내며

현대 사회를 움직이는 핵심 조직은 기업일지 모릅니다. 전 세계에 발전소를 짓는 포이트 지멘스의 헬무트 코르만 이사는 "이 사회는 경제를 이끌어가기 위해 기업을 선택했고, 또 그것을 체계화하기 위해 정부를 선택한 것"[1]이라고 말합니다. 2012년, 드라마 〈추적자〉는 정치 권력을 조종하는 경제 권력의 힘을 적나라하게 보여 줘 대중의 인기를 끌었습니다. 이제 기업과 기업이 벌이는 경제 활동은 현대 사회를 이해하는 중요한 창이 되었습니다.

이 책에 나오는 현대자동차, 홈플러스, 삼성중공업은 우리에게 친숙한 한국의 대표 기업들입니다. 코카콜라, 나이키, 마이크로소프트도 친숙한 해외 기업들이죠. 이들은 한 나라의 거대 기업으로, 그 나라의 자부심이기도 합니다. 이들이 만드는 스마트폰, 컴퓨터, 자동차가 없다면, 조금 불편한 정도를 넘어 일상적인 삶이 불가능하다고 여기는 사람들이 많을 것입니다. 이처럼 기업은 소비자들에게 필요한 제품이나 서비스를 제공하고 이익을 얻습니다.

하지만 이러한 거대 기업들은 돈을 벌어야 한다는 생각이 지나쳐 서슴없이 잘못을 저지르기도 합니다. 아프리카의 아기들을 죽음으로 내몬 분유 회사 네슬레, 지역사회와 갈등을 겪고 있는 대형 마트 홈플러스, 불법 파견 문제로 몇 년째 노사가 대립하고 있는 현대자동차 등. 이 책에 등장하는 열두 가지 이야기는 모두 거대 기업들이 소비자, 인권, 노동, 환경, 공정 거래, 지역사회, 기업의 지배 구조와 관련해 저지른 잘못들에 대한 것입니다. 이런 이야기들이 텔레비전이나 인터넷 광고를 통해 기업에 대해 좋은 이미지만을 가지고 있는 독자들에게는 충격일 수도 있겠습니다.

기업이 잘못을 저지르면 소비자들이 피해를 보게 됩니다. 그래서 기업의 잘못에는 늘 소비자들의 항의가 이어졌습니다. 그 소비자는 개인이었고, 시민단체였고, 언론이었고, 때론 비정부국제기구NGO였습니다. 이들은 기업의 잘못을 따졌고 기업에게 책임을 물었습니다. 어떤 사람들은 '기업이란 근본적으로 돈을 벌기 위해서 존재하고, 돈을 버는 데 윤리나 책임을 묻는 것은 잘못이다'라고 주장하기도 합니다. 하지만 그러한 주장은 이제 사회적으로 용납이 되지 않습니다. 기업도 사회를 구성하는 일원이기 때문입니다. 기업이 책임져야 할 것은 주주의 이익만이 아니라, 노동자, 지역사회, 환경 등 기업을 둘러싼 이해 관계자들 모두의 이익입니다.

물론 기업이 스스로 나서서 책임을 느끼고 행동하는 경우도 있습니다. 많은 기업들이 소비자를 보호하기 위해 제품을 출시하기에 앞서 검사를 하고, 산업재해를 예방하기 위해 노력을 기울입니다. 제품이나 서비스가 완벽하지 못한 경우 리콜을 합니다. 또한 불우이웃 돕기 성금을 내고, 낙후된 지역의 복지를 위해 돈을 쓰기도 합니다. 하지만 이러한 행동으로 기업이 저지른 잘못이 모두 해결되는 것은 아니며, 오히려 이러한 행동이 기업의 잘못을 숨기는 방편이 되기도 합니다. 기업이 저절로 변화하는 경우는 아주 드뭅니다. 그 사실을 이 책의 사례들이 증명하고 있습니다. 아니, 소비자들의 참여와 행동만이 기업을 사회적 책임의 길로 이끌 수 있음을 보여 줍니다.

 개인이 대기업에 맞서는 것은 계란으로 바위치기라고 생각할 수 있습니다. 하지만 위대한 변화는 한 개인의 생각에서 시작되며, 그 생각이 주변의 동료들로부터 지원을 받을 때 변화의 원동력이 됩니다. 우리는 이 책에서 그런 변화의 원동력을 확인할 수 있습니다. 나이키의 변화를 이끈 미국 빈민가 청소년들, 월마트의 성차별에 집단 소송으로 맞선 여성 노동자 베티 듀크, 빅브라더를 꿈꾸던 마이크로소프트에 맞서 싸운 오픈 소스 운동가들은 우리에게 커다란 영감을 줍니다. 거대 기업에 맞서 싸우는 것은 힘들고 지난한 일이지만, 보다 정의로운 사회를 위해서라면 반드시 해야 할 일입니다.

이 책이 나오기까지 많은 분들에게 도움을 받았습니다. 우선은 출판을 결심할 수 있도록 해 준 동국대 산학협력단과 출판에 앞서 청소년 교육 교재를 만들 수 있도록 도와준 아름다운재단에 감사드립니다. 자문을 맡아 주신 전승우, 성상현, 김주일 교수님, 글쓴이들의 생각을 이해하기 쉽도록 이야기와 삽화로 꾸며 준 전채연 작가와 정혜용 작가, 많은 애정으로 출판을 이끌어 준 양철북출판사, 마이크로소프트 사례를 정리해 준 함께하는시민행동의 박준우 사무처장과 책을 영상 교재로 만들어 준 김민철, 최경진 님께도 감사드립니다. 그리고 앞서 기업의 사회적 책임을 연구하고 분석해 오신 모든 분들께 감사드립니다.

이 책을 읽는 많은 친구들이 나중에 기업의 구성원이 되겠죠. 그때 이 책에서 얻은 생각이 조금이나마 도움이 되면 좋겠습니다.

2013년 2월 15일
이영면

차례

책을 펴내며   4

네슬레   11
분유는 어떻게 유아 살상제가 되었나?

현대자동차   35
같은 일을 하는데 왜 똑같이 대우받지 못할까?

대형 마트   55
왜 대형 마트는 지역사회와 공존해야 할까?

월마트   77
유리 벽과 유리 천장 속 여성 노동자

나이키   99
하청 공장의 노동 착취, 누구의 책임일까?

마이크로소프트   121
아이디 하나로 움직이는 제국을 꿈꾸다

스타벅스　147
공정 무역 커피는 계속되어야 한다

셸　169
잘못된 석유 개발 사업이 부른 참사

코카콜라　191
콜라를 만들기 위해 식수를 훔치다

드비어스　215
아프리카의 피로 영원한 사랑을 말하다

삼성중공업과 BP　235
바다를 더럽힌 두 기업, 그 태도의 차이

엔론　259
견제 장치가 고장 난 거대 기업의 종말

주　277
참고 자료　280

분유는 어떻게
유아 살상제가 되었나?
네슬레

아프리카.

한 여자가 태양을 등지고 메마른 땅 위에 서 있다. 손에는 흰 천으로 덮인 물건을 들고서. 마을에서 꽤 오래 걸어온 듯 여자의 어깨는 축 처져 있다. 여자 옆에는 예닐곱 살쯤으로 보이는 소년이 바짝 붙어 서 있다. 여자가 허리를 굽혀 손에 든 물건을 내려놓자 소년이 참았던 눈물을 토해 낸다. 여자의 여윈 어깨도 희미하게 들썩인다. 여자가 가슴에 안고 온 것은 그녀의 아이다. 열 달 동안 뱃속에 있다가 세상의 빛을 본 지 채 한 달도 안 돼 싸늘하게 죽은 아기. 여자는 흰 천으로 꽁꽁 싸맨 아기를 들판에 내려놓고 하염없이 먼 곳만 바라보고 있다. 해가 서쪽으로 기울자 여자와 소년의 그림자도 지평선에 닿을 듯 길게 늘어진다.

마르셀은 만삭의 몸을 이끌고 시장에 가는 길이었다. 몸은 무거웠지만 뱃속의 아기와 만날 날이 얼마 남지 않았다는 생각에 마음은 기대로 가득 차올랐다. 태어날 아이를 위해 준비할 것이 많았다. 물론 걱정이 전혀 없는 것은 아니었다. 첫째 아이 리엔을 낳고 한동안 아이를 가질 엄두가 나지 않았다. 환경이 열악한 아프리카에서 아이를 키우는 것이 생각처럼 쉬운 일은 아니었다. 하지만 마르셀은 신이 주신 선물을 외면하지 않기로 했다. 무엇보다 외로움을 잘 타는 리엔에게 동생이 생긴다는 게 다행이었다.

"엄마, 저게 뭐야?"

나란히 걷던 리엔이 마르셀의 치마를 잡아끌었다. 마을에 하나뿐인 병원 옆에 전에 없던 천막이 쳐져 있었다. 아이들과 엄마들, 마을 사람들이 모여 있는 것을 보니 뭔가 좋은 일이 생긴 모양이다. 혹시 외국에서 구호 물품이 온 건지도 모른다. 그렇다면 사양할 일이 아니다. 마르셀은 한 손으로 불룩한 배를 받치고, 다른 손으로 허리를 짚은 채 무거운 몸을 이끌고 천막 앞으로 갔다. 천막에는 여자들과 아이들이 길게 줄 서 있었다. 하얀 간호사 복장을 한 여자들이 무언가를 나눠 주고 있었다.

"저게 뭐예요?"

줄에서 막 빠져나오는 이웃집 여자에게 마르셀이 물었다.

"분유라는데? 애들 먹이는."

여자는 손에 들린 분유 샘플을 흔들어 보였다.

"선진국에서는 다들 이걸 먹인대. 우리 애들이야 다 컸지만, 공짜라니까 하나 받았어."

여자가 들어 보인 분유 샘플에는 새 둥지 모양의 로고가 선명하게 박혀 있었다.

아기들에게 먹이는 것이란 말에 마르셀은 서둘러 맨 앞으로 가서 줄을 섰다. 부스 앞에는 여자 둘이 있었는데, 한 사람은 분유 샘플을 나눠 주고, 다른 사람은 계량컵에 분유를 넣어 유아용 유동식 만드는 방법을 선보이고 있었다.

"네슬레 분유입니다. 건강한 아기로 키우려면 네슬레 분유를 먹이세요. 비타민과 영양소가 골고루 들어 있어 모유보다 훨씬 좋답니다."
"분유가 그렇게 좋아요?"
맨 앞줄에 선 여자가 물었다.
"그럼요. 선진국에서는 이미 많은 엄마들이 분유를 먹이고 있어요. 젖이 안 나와도 때 되면 먹일 수 있고, 영양소가 골고루 들어 있으니 얼마나 좋은데요. 한번 먹여 보세요. 아이들 때깔부터 달라질걸요?"
마르셀은 선진국 엄마들은 모유 대신 분유를 먹인다는 게 신기했다. 제품에 대해 설명하는 여자가 간호사 복장을 하고 있어선지 더 믿음이 갔다.
"그래도 애들은 엄마 젖을 먹어야지. 아기 소도, 새끼 염소도 다 어미젖을 먹잖아."
"그래, 우리도 엄마 젖 먹고 잘만 컸는데……."
나이 지긋한 여자들이 수군거렸다. 그때 괄괄한 목소리가 날아들었다.
"우리나라는 그게 문제예요. 선진국에서는 다들 분유 먹인다잖아요. 그 사람들이 몰라서 분유를 먹이겠어요? 분유가 모유보다 좋으니까 먹이는 거지. 언제까지 그렇게 구시대적으로 살 거예요?"
마을 입구에 사는 알토네 아줌마였다. 백인이라면 사족을 못 쓰고, 유난히 공짜를 좋아하는 아줌마였지만, 틀린 말은 아닌 것 같았다.
"맞아요, 아주머니. 사하라 남쪽에 사는 임산부가 에이즈에 걸릴 확률이 얼마인 줄 아세요? 9퍼센트예요. 에이즈 걸린 엄마들이 뭣도 모르고 아이들에게 모유를 먹이면 그 아이들은 100퍼센트 에이즈에 걸려요. 그러니 아이를 건강하게 키우려면 위생적이고 깨끗한 분유를

네슬레 15

먹이세요."

 간호사 복장의 여자가 목소리를 높였다. 마르셀은 에이즈란 말에 움찔했다. 마르셀의 어머니는 마르셀이 어렸을 때 돌아가셨다. 마르셀은 온몸에 반점이 덮인 어머니 모습을 아직도 기억하고 있다. 에이즈 검사를 받은 적은 없지만, 마르셀은 자기도 에이즈에 걸렸을지 모른다는 불안감을 갖고 있었다.

 '그래, 우리 아이에게 불치병을 물려주고 싶진 않아.'

 마르셀의 시선이 샘플을 주는 여자 등 뒤에 걸린 포스터에 머물렀다. 볼살이 포동포동하게 오른 백인 아기가 환하게 웃고 있었다. 마르셀은 뱃속의 아기가 사진 속 아기처럼 건강하게 자라 준다면 더 바랄 게 없었다.

 "이거 한 개 더 주세요."

 여자는 사람 좋은 미소를 지으며 마르셀의 손에 샘플 몇 개를 더 얹어 주었다. 마르셀은 아기가 태어나면 경제적으로 부담이 되더라도 꼭 분유를 먹여야겠다고 다짐했다.

 태어난 아기는 말 그대로 천사였다. 구릿빛 피부에 보석 같은 눈을 지닌 세상에서 가장 여린 존재. 아기가 품 안에서 새록새록 잠들 때 마르셀은 세상을 다 가진 것처럼 뿌듯했다. 동생이 생기자 제일 신 난 사람은 리엔이었다. 리엔은 신기한 눈으로 아기를 바라보다가, 아기가 배냇짓을 하면 뭐가 그리 좋은지 좁은 움막 안을 빙글빙글 돌았다. 먹을 물도 넉넉하지 않고, 평균 수명이 서른 살밖에 되지 않는 척박한 땅이지만, 마르셀은 아이들로 인해 세상이 참 살 만하다고 느꼈다.

둘째에게는 처음부터 분유를 먹였다. 형편이 좋은 것은 아니었지만, 누구보다 잘 키우고 싶은 욕심 때문이었다. 처음에는 분유를 어떻게 타 먹이는지 몰라 애를 먹었다. 분유통에 안내문이 빼곡히 적혀 있었지만, 영어를 모르는 마르셀에게는 아무 소용이 없었다. 다행히 분유를 타 먹인 사람들이 마을에 여럿 있어 어렵지 않게 방법을 배울 수 있었다.

리엔은 하루에 두 번씩 공동 우물에 가서 동생이 먹을 물을 떠왔다. 마르셀은 병원에서 얻은 젖병에 우물물과 분유를 넣고 살살 흔들었다. 하얀 가루는 금세 녹아 고소하고 달짝지근한 냄새를 풍겼다. 분유가 담긴 젖병을 입에 갖다 대자 아기는 배가 고팠는지 힘차게 빨아들였다. 리엔은 터울이 많이 나는 동생이 분유 먹는 모습을 신기한 듯 쳐다보았다. 그럴 때면 흑요석같은 아기 눈망울에 리엔의 얼굴이 오롯이 비치곤 했다. 마르셀은 아기를 안고 어릴 적 엄마가 들려주던 노래를 흥얼거렸다. 좁고 어두운 움막 안에 고요한 평화가 찾아들었다.

아기가 이상하다고 느낀 것은 며칠 전이었다. 저녁밥을 지으러 갔다 돌아오는데, 숨 넘어 갈 듯한 울음소리가 움막 밖까지 새어 나왔다. 리엔이 사색이 돼 마르셀을 찾았다. 마르셀은 곧바로 포대기에 싸인 아기를 살폈다. 아기는 몸이 불편한지 계속 칭얼댔고, 몸이 불덩이 같았다. 뭔가 잘못됐다고 느낀 마르셀은 그 길로 아기를 업고 마을 가운데에 있는 촌장 댁을 찾았다. 거기밖에 갈 데가 없었다. 촌장 어른은 숨을 가쁘게 내쉬는 아기의 안색을 살피고 배를 눌러 보고 이마에 손을 갖다 댔다. 촌장이 마르셀에게 물었다.

"뭘 잘못 먹은 것 같은데……. 아기에게 뭘 먹였는가?"

"분유를 먹였어요. 왜 있잖아요. 시장에서 나눠 주는 네슬레 분유요."

"분유밖에 먹인 게 없는가?"

촌장은 고개를 갸웃거렸다. 마르셀은 맹세코, 아기에게 나쁜 것을 먹인 적이 없었다. 튼튼하게 자라라고 일부러 젖도 안 먹이고 분유만 먹여온 터였다. 그것만은 자신할 수 있었다.

"분유를 어떻게 타먹였는가?"

"어떻게 타먹이긴요. 다른 사람들이 그러는 것처럼 우물물에 타서 먹였지요."

촌장은 잠시 생각하더니 다시 물었다.

"우물물이라……. 물은 끓였고?"

끓인 물! 마르셀은 심장이 쿵 내려앉았다. 마르셀이 아무 말 못하자 촌장이 말했다.

"멀쩡한 사람도 종종 배탈이 나는 물인데, 갓난애한테 주려면 당연히 끓여 먹여야지, 그걸 몰랐나?"

마르셀은 심장이 쿵쿵 뛰었다. 분유를 끓인 물에 타 먹여야 한다고 말해 준 사람은 아무도 없었다. 아니 어쩌면 자신이 흘려들었는지도 모른다. 게다가 비싼 분유를 오래 먹이려고 물을 많이 넣었는데…….

"그럼 아기는? 우리 아기는 어떻게 되는 거예요?"

마르셀의 목소리가 떨려 나왔다. 촌장의 얼굴에 깊은 주름이 지자 마르셀 얼굴은 금방이라도 울음이 터질 것처럼 일그러졌다.

마르셀은 웃옷을 가슴까지 풀어헤치고 젖가슴을 사정없이 주물렀다. 온몸에 열이 올라 사경을 헤매는 아기에게 젖 한 방울이라도 먹이기 위해 가슴에 피멍이 들 때까지 쥐어짰다. 하지만 이미 말라 버린 젖은 한 방울도 나오지 않았다. 가슴에 대고 있던 빈 그릇을 내려놓고 마르셀은 힘없이 아기에게 다가갔다. 아기는 벌써 며칠째 울고 보채고 설사를 하더니 이제는 그럴 힘조차 없는지 축 늘어져 있었다. 촌장 어른이 일러 준 방법을 모두 써 봤지만, 차도가 없었다. 마르셀은 속이 타들어 갔다. 연약한 아기가 며칠이나 더 버틸 수 있을지 장담할 수 없었다.

아기에게 물을 끓여 주려고 일어서는데, 장막을 들추고 한 여자가 들어왔다. 초췌한 몰골을 한 알토네 아줌마였다. 아줌마는 다짜고짜 아기 상태를 살펴보더니 바닥에 철퍼덕 주저앉았다. 아줌마도 늦둥이를 낳고 선진국 아이처럼 건강하게 키우려고 분유만 먹였는데, 잘 자라던 아기가 갑자기 고열을 앓더니 며칠 뒤 허무하게 죽어 버리고 말았다. 아이를 뒷산에 묻고 돌아와서 아줌마는 유령처럼 동네를 떠돌았다.

"아무래도 분유가 문제였던 것 같아. 분유를 먹인 아이들이 하나 같이 설사를 하고 전염병에 걸려 시름시름 앓고 있어. 촌장 어른은 물을 끓여 먹이면 괜찮을 거라고 하는데, 그 간호사들이 언제 물을 끓여 먹이라고 한 적이나 있었어?"

마르셀은 힘없이 고개를 저었다. 누구보다 아이를 건강하게 키우고 싶었는데, 그게 화근이 될 줄은 꿈에도 몰랐다. 알토네 아줌마는 분통을 터뜨렸다. 그리고 분유를 나눠 주던 여자들을 찾아간 이야기를 들려주었다.

간호사 복장의 여자들은 여전히 네슬레 분유를 나눠 주고 있었다. 아줌마는 소리 높여 따졌다. 아이들이 오염된 물을 먹고 전염병에 걸린 것부터 비싼 분유를 오래 먹이려고 물을 너무 많이 타서 영양실조에 걸린 것까지. 하지만 그들은 끝까지 잘못을 인정하지 않았다.

"우리는 충분히 설명 드렸습니다. 계량컵을 가지고 시범까지 보여 드렸잖아요. 그리고 분유 타는 방법은 분유통에 다 쓰여 있는데, 그걸 제대로 안 본 건 당신들이지 우리가 아닙니다."

알토네 아줌마도 지지 않고 따졌다.

"아이들에게 위험한 것이면, 미리미리 주의를 줬어야지. 아이들이 튼튼하게 자란다고 해서 분유를 먹였는데, 이게 말이 되냐고. 그리고 우리 중에 영어를 읽을 줄 아는 사람이 대체 몇이나 된다고 분유통을 보라는 거야?"

알토네 아줌마는 거세게 항의했지만, 소용이 없었다. 그들은 제품에는 아무 이상이 없고 제품을 잘못 사용한 것은 순전히 주민들이기 때문에 어떤 책임도 질 수 없다고 단호하게 말했다.

"아이고, 내 새끼. 아이고 불쌍한 내 새끼."

알토네 아줌마는 끝내 땅바닥에 주저앉아 가슴을 치며 통곡했다. 이야기를 들은 마르셀은 억장이 무너지는 것 같았다. 무지한 탓에 아이를 사지로 몰아넣었다는 죄책감을 떨칠 수 없었다. 조금만 현명했더라면, 조금 더 사려 깊었더라면, 아니 그날 시장에 가서 공짜 분유만 받지 않았더라면······.

* 1970년대 네슬레가 아프리카 저개발국가에서 공격적이고 비윤리적인 마케팅을 한 사례를 재구성했습니다.

가정, 모성애, 자연

네슬레는 스위스에 본사를 둔 기업입니다. 한국에는 이유식과 커피를 만드는 회사로 잘 알려져 있지요. 전 세계 약 86개국에 500여 개가 넘는 공장을 갖고 있어요. 한국에서도 한국네슬레가 네스카페나 네스퀵 등을 만들고 있지요.

네슬레라는 이름은 창립자인 앙리 네슬레가 자신의 이름인 Nestle를 가정, 보금자리, 둥지라는 뜻인 Nest로 상징화해서 만든 것입니다. 둥지에서 어미 새가 새끼들을 돌보는 모습을 형상화한 네슬레 로고는 가정, 모성애, 자연을 중시하는 기업 이념을 표현하고 있지요. 무엇보다 가정의 중요성을 강조하는 기업으로 인식되길 바라는 네슬레의 뜻이 담긴 셈이에요. 그러나 1970년대 네슬레가 아프리카에서 벌인 일을 보면 그런 기업 이념이 무색해집니다. 네슬레는 아프리카 전역에서 아기들 수천 명을 죽음으로 내몰았습니다. 전쟁이 아니라 마케팅 때문이었지요.

당시 아프리카 여성들은 아기에게 대부분 모유를 먹였습니다. 네슬

• • • •
둥지에서 어미 새가 새끼들에게 먹이를 주는 모습을 그린 네슬레 로고. 가정, 모성애, 자연을 중시하는 기업 이념을 잘 드러내고 있다.

레는 자기 회사에서 만든 분유를 더 많이 팔기 위해 아프리카 엄마들에게 모유 수유는 구시대적이고 불편하다고 선전했습니다. 대신 간편하고 영양소가 골고루 들어 있는 분유를 먹이라고 광고를 퍼부었지요. 그리고 회사의 마케팅 사원에게 의사 가운을 입혀 모유를 먹이면 아이들에게 에이즈가 전염될 수 있기 때문에 안전한 분유를 먹여야 한다는 캠페인을 벌였어요. 또 포스터나 팸플릿에 간호사 복장을 한 우유 간호사Milk Nurse를 등장시켜 네슬레 이유식이 믿을 수 있고 인증된 제품이라는 이미지를 심어 주었지요. 네슬레 분유에는 비타민이 듬뿍 들어 있어 아기들을 건강하고 행복하게 키울 수 있다며 아기 엄마들에게 무료 샘플을 나눠 주었습니다.

　엄마들은 처음에는 무료로 나눠 준 분유를 아이에게 먹였어요. 그것을 다 먹인 뒤에는 아예 분유를 사 먹이기 시작했지요. 자기 아이가 분유통에 그려진 아이처럼 건강하게 자라기를 바라는 마음에서 말이에요. 모유를 먹이지 않으니 자연히 더 이상 젖이 나오지 않아서 나중에는 어쩔 수 없이 분유를 계속 먹여야 했습니다.

　토실토실한 파란 눈의 백인 아기 사진이 있는 분유통에는 온통 영어투성이였어요. 아프리카 엄마들은 대부분 영어를 몰랐고, 아무도 그 글에 대해 알아듣게 설명해 주지 않았어요. 그래서 분유 양을 제대로 맞추지 못하는 경우가 많았지요. 분유 값이 비싸니 엄마들은 좀 더 오랫동안 먹이려고 물을 더 넣어 양을 늘리기도 했어요. 그 바람에 영양실조에 걸린 아이들이 늘었지요. 또 분유 타는 방법을 제대로 알려 주지 않아 엄마들이 아프리카의 오염된 물에 분유를 타 먹이는 바람에 아이들이 전염병에 걸리기도 했습니다. 아프리카와 같은 저개발국가에서는 더러운 강이나 제대로 관리하지 않은 공동 우물에서 물을 길어다 쓰기 때문에 이유식이 오염될 가능성이 높았습니다. 당시 아프리카에는 정수기도 없었고 쉽게 물을 끓일 시설도 부족했지요. 결국 분말로 된 이유식을 오염된 물에 타서 소독도 안 된 우유병에 담아 아이들에게 먹인 꼴이 되고 말았습니다.

결과는 비참했어요. 수천 명의 아이들이 설사로, 이질로, 전염병으로, 영양실조로 죽어 갔습니다. 한 보고서에 따르면 당시에 에이즈보다 설사병으로 죽은 영아가 여섯 배나 더 많았다고 해요. 그러자 언론은 네슬레 분유에 '유아 살상제'라는 별명을 붙였습니다.

누가 아기를 죽이는가

1974년 3월, 영국의 빈민 구제 단체인 워온원트War on Want가 〈누가 아기를 죽이는가The Baby Killer〉라는 35쪽짜리 책자를 발행했습니다. 이 책자는 마이크 뮬러라는 신문기자가 워온원트의 지원을 받아 아프리카를 돌아보고 나서 쓴 보고서예요. 그는 보고서에 스위스의 네슬레와 영국의 유니게이트가 아프리카에서 벌이는 마케팅에 대해 비판하고 분유 제조 기업이 제3세계 국가의 유아 사망 사고에 어느 정도 책임이 있다고 썼어요. 그가 비판한 내용은 다음과 같습니다.

• 텔레비전과 라디오를 통해 '분유가 아이들에게 에너지와 힘을 주고 건강하게 만들어 준다'는 광고를 내보내 많은 엄마들이 분유를 최고

의 유아식이라고 인식하게 한 점.
- 신뢰감을 주는 우유 간호사를 고용해서 모유 수유를 중단하고 분유 수유를 결심하도록 한 점.
- 병원에 무료 분유 샘플을 제공하고 의사 처방으로 사용하게 함으로써 분유 수유를 확산시킨 점.
- 오염될 우려가 있는 병 대신 컵이나 스푼을 사용해야 한다는 의료계 종사자의 의견과 다른 기업 책자를 발행한 점.
- 분유 깡통에 상세한 사용법을 안내하지 않은 점.
- 대다수의 엄마들이 구입하기에는 가격이 비싼 분유를 판매한 점.
- 공짜 상품을 끼워 주는 방식의 마케팅으로 결국 분유 값을 상승시킨 점.

〈누가 아기를 죽이는가〉는 분유를 더 팔기 위해 기업이 어떤 행동

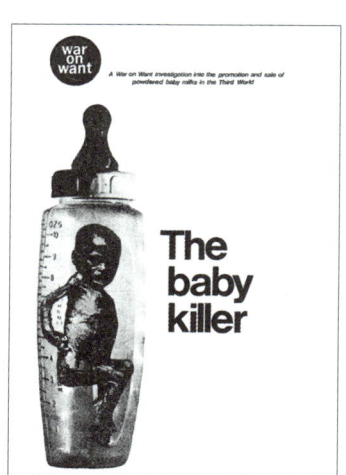

1974년 3월, 영국의 워온원트가 발행한 〈누가 아기를 죽이는가〉 표지. 신문기자인 마이크 뮬러가 아프리카를 돌아보고 나서 쓴 보고서로, 네슬레와 같은 분유 기업이 제3세계 국가에서 일어난 유아 사망 사고에 어느 정도 책임이 있다고 비판한다.

을 하고 있는지, 그리고 그 행동 때문에 어떤 비극이 일어날 수 있는지를 전 세계에 알리는 계기가 되었습니다.

　독일의 시민단체 제3세계행동그룹TWAG은 이 보고서의 내용 가운데 네슬레와 연관된 것만을 따로 뽑아 '네슬레가 아기들을 죽이고 있다Nestle Kills Babies'는 제목의 문서를 만들어 배포했어요. 그러자 네슬레는 이 단체를 명예훼손으로 고소했지요. 2년 동안 재판이 이어졌고 결국 네슬레가 이겼습니다. 제3세계행동그룹은 400달러의 벌금을 받았지요. 법원은 아기들이 죽은 직접적인 원인을 네슬레가 만든 제품 때문이 아니라, 아프리카의 비위생적인 생활 습관 때문이라고 판단한 것이에요. 하지만 판사는 "네슬레가 근본적으로 마케팅 방식을 수정해야 한다"는 말도 덧붙였어요. 비록 시민단체가 승리하지는 못했지만, 미국 〈타임〉은 '도덕적으로는 (시민단체가) 승리한' 재판이라고 평가하기도 했습니다.

　1970년대 초반, 이유식 회사들은 여러 단체로부터 이유식을 팔기 위한 광고와 홍보 활동을 줄이라는 압력을 계속 받았어요. 그러자 네슬레를 포함한 9개 이유식 회사들은 1975년에 국제이유식기업협회를 만들었어요. 그리고 마케팅 방식을 점차 바꿔가기 시작했지요. 그들은 이유식 제품 겉면에 모유가 가장 좋으며, 이유식은 모유의 보충식이라는 점을 분명히 밝혔습니다. 더불어 모유 수유와 분유 수유의 차이에 대한 전문가 조언을 적어 넣기도 했어요. 간호사 복장은 정식 간호사만 입을 수 있도록 했고요.

　이처럼 업계가 스스로 마케팅 규칙을 정하는 등 노력하는 모습을 보이긴 했지만, 이미 걷잡을 수 없이 커진 비난 여론을 잠재우지는 못했어요. 그리고 이 규칙을 만드는 과정에 참여한 기업의 이유식 제품 'SIMILAC'과 'WYETH S-2'에는 여전히 모유 수유에 대한 언급이 없었어요. 스스로 정한 규칙조차 잘 지키지 않았던 거죠. 그러자 미국을 비롯한 9개 나라에서 네슬레 제품을 사지 말자는 불매운동이 일어났습니다.

네슬레 불매운동

1977년에 미국의 미네아폴리스 주에서 분유행동연합IBFAN이 만들어졌습니다. 이 단체는 네슬레의 부적절한 마케팅 때문에 아프리카를 비롯한 저개발국가의 많은 아기들이 죽었다며 네슬레 식품에 대한 불매운동을 시작했어요. 7월 7일에 시작된 불매운동은 오스트레일리아, 캐나다, 뉴질랜드, 유럽으로 퍼져 나갔어요. 그리고 여러 국제기구들이 이 문제에 관심을 가지게 되었습니다. 미국의 종교단체를 중심으로 한 국제네슬레보이콧위원회가 결성되었고, 1979년에는 국제보건기구WHO와 유니세프가 유아식 마케팅에 관한 국제 기준 마련을 위한 학술 대회를 열었어요. 미국 전역에 있는 450개 이상의 사회단체와 종교단체가 불매운동에 참여했고, 수천만 명의 시민들이 슈퍼마켓 진열대에서 네슬레 제품을 치우라는 탄원서를 제출했지요. 일부 슈퍼마켓에서는 동의의 표시로 네슬레의 대표적인 커피 제품인 테이스터스 초이스를 진열대에서 치우기도 했어요.

불매운동은 대학 안에서도 일어났어요. '네슬레를 타도하자'라는 현

1977년 7월 7일에 미국에서 시작된 불매운동은 분유만이 아니라 네슬레가 생산하는 모든 제품으로 이어졌다. 이는 다국적기업을 상대로 한 최초의 성공한 불매운동으로 오스트레일리아, 캐나다, 뉴질랜드, 유럽으로 확산되었다.

수막이 내걸렸고, 커피를 비롯해 대학생들이 좋아하는 제품들의 불매운동이 진행되었습니다.

불매운동은 큰 성과를 거두었어요. 네슬레의 매출과 수익이 떨어졌을 뿐 아니라, 네슬레를 비난하는 목소리가 일반 시민들 사이에도 퍼져나갔어요. 급기야 정부까지 나섰지요. 뉴기니 정부는 1979년 여름, 아기에게 가공한 이유식을 먹이는 것을 제한하는 엄격한 법률을 제정했습니다.

또 1981년 5월 제34차 세계보건총회에서는 '모유 대체 식품 판매에 관한 국제 규약WHA34.22'이 채택되었습니다. 모유 수유를 촉진하고 대체 식품(분유)의 소비를 줄이기 위해 분유 광고를 중단하라는 내용을 담은 이 규약은 투표에 참여한 세계보건기구의 회원국 가운데 미국을 제외한 118개국이 찬성했습니다.

그러자 1981년 2월에 네슬레의 최고 경영진은 당시 네슬레에 관한 독자적인 조사 활동을 벌이고 있던 감리교태스크포스Methodist Task Force를 만납니다. 이 자리에서 네슬레는 세계보건기구의 '모유 대체 식품 판매에 관한 국제 규약'을 준수하기 위해 기업 내부의 세부 정책을 마련하겠다는 뜻을 밝힙니다. 그리고 다양한 외부의 전문가들이 참여하는 NIFACNestle Infant Formula Audit Commission라는 위원회를 구성합니다. NIFAC는 네슬레가 얼마나 세계보건기구의 규약을 잘 준수하고 있는가를 모니터링하기 위한 조직입니다.

그 뒤 유니세프, 세계보건기구, 분유행동연합, NIFAC 그리고 네슬레 사이의 협상이 18개월 동안 진행되었어요. 협상 내용은 네슬레가 세계보건기구의 규약을 지키기 위해 현재의 마케팅 방식을 비롯한 경영 방식을 어떻게 바꾸어야 할지에 관한 것이었지요. 그리고 마침내 1984년 네슬레와 국제네슬레보이콧위원회의 공동 성명이 발표됨으로써 10년을 끌어온 네슬레 불매운동은 끝이 납니다. 그리고 국제이유식기업협회보다 더 포괄적인 유아식품제조업체국제협회가 설립되었지요.

불매운동으로 네슬레가 얼마나 큰 경제적 피해를 입었는지는 정확히 알 수 없어요. 하지만 네슬레 입장에서는 경제적 손실보다 추락한 기업 이미지가 더 큰 손실이었을 거예요. 불매운동으로 소비자들이 네슬레가 아닌 다른 기업으로 발길을 돌렸으니까요. 네슬레 전체에서 이유식 사업이 차지하는 비중은 불과 3퍼센트 정도라고 합니다. 이 작은 부분의 대외적인 이미지가 다른 제품에까지 나쁜 영향을 미친 셈이지요.

1981년 세계보건총회가 채택한 '모유 대체 식품 판매에 관한 국제 규약' 개요[2]

1. 일반 대중들에게 모든 모유 대용품의 광고를 하지 않음.
2. 산모들에게 무료 샘플을 제공하지 않음.
3. 보건 관리 시설에 무료 또는 저가 분유를 포함한 제품의 판촉 금지.
4. 회사원들이 산모를 접촉하지 않음.
5. 보건 요원들에게 선물이나 사적인 샘플을 제공하지 않음. 보건 요원들은 제품을 산모들에게 전달해서는 안 됨.
6. 상표에 어린이의 사진을 포함해 인공 수유를 이상화하는 말이나 사진을 실어서는 안 됨.
7. 보건 요원에 대한 정보는 과학적이고 사실적인 것이어야 함.
8. 인공 수유에 대한 모든 정보에는 모유 수유의 장점과 우수성 및 인공 수유와 관련된 비용과 위험을 설명해야 함.
9. 달콤한 농축 우유와 같이 적합하지 않은 제품을 어린이들에게 판매해서는 안 됨.
10. 제작 회사와 판매 회사들은 그 나라에서 국제 규약을 시행하지 않더라도 국제 규약의 규정을 준수하여야 함.

소비자를 감금하다

 네슬레의 마케팅 방식이 비판을 받는 데에는 몇 가지 이유가 있어요. 그 가운데 하나가 소비자가 기업의 제품을 계속 쓸 수 밖에 없도록 홍보 전략을 쓴 점입니다.
 아이가 젖을 떼면 엄마의 몸에서는 모유가 줄어들어요. 마찬가지로 분유를 먹이기 시작하면 모유 수유의 횟수가 줄어들고, 모유의 양도 줄어들지요. 그러다 어느 순간 젖이 나오지 않게 됩니다. 공짜로 받은 분유를 먹이던 엄마는 더 이상 젖을 먹일 수 없으니 어쩔 수 없이 비싼 돈을 주고 분유를 사 먹이게 되지요. 아프리카 엄마들은 이런 방식으로 네슬레가 제공한 분유에서 벗어나지 못했어요.
 이처럼 기업은 고객이 자사 제품을 계속 쓰도록 하기 위해 홍보 전략을 세우고 실행하는데, 그 결과로 나타나는 것을 락인Lock-In 효과라고 해요. 기업이 만든 제품에서 소비자를 벗어나지 못하도록 감금하는 전략이지요. 이러한 마케팅 전략은 주변에서도 쉽게 볼 수 있습니다. 예를 들어 휴대전화를 공짜로 주는 대신 3년 약정 계약을 맺어 그 기간 동안 통신사에서 벗어나지 못하게 하는 것, 용기를 무료로 주면서 한 브랜드의 리필 제품을 계속 쓰게 하는 것, 상품을 시리즈로 내놓아 지속적으로 그 상품을 구매하도록 하는 것들이죠.
 이것이 문제인 이유는 소비자의 중요한 권리인 선택권이 침해당하기 때문입니다. 소비자는 여러 회사 제품 가운데 하나를 선택할 권리가 있고, 원할 때는 서비스나 제품의 사용을 중단할 수 있어야 합니다. 이것이 소비자의 선택권이지요. 그런데 소비자가 같은 제품을 계속 쓰다 보면 어느 순간 그 제품의 사용을 스스로 멈출 수 없게 되지요. 네슬레 분유를 계속 먹이다 보니 더 이상 모유 수유를 할 수 없게 되고 그 결과 네슬레 제품을 계속 써야 하는 것처럼 말이에요. 소비자의 선택권이 침해당하는 거예요.

기업이 소비자를 유지, 관리하기 위해 진짜 필요한 것은 소비자를 꼼짝 못하게끔 묶어 두는 것이 아니라, 소비자의 선택권을 존중하는 것이에요. 락인효과는 네슬레에게 이윤을 가져다주기도 했지만, '유아 살인자'라는 불명예도 안겨 주었어요.

취약 소비자를 보호해야

또 하나, 네슬레 마케팅에 대해 생각해 볼 문제가 있습니다. 바로 기업이 소비자에게 정확한 제품 정보를 제공했다고 하더라도 특정 소비자 집단은 피해를 볼 수 있다는 점입니다. 이런 소비자를 학술 용어로 '취약 소비자 vulnerable consumers'라고 합니다. 즉, 물건을 구매할 만큼 충분한 경제력을 가지지 못했거나 스스로 합리적인 판단을 하기 어려운 소비자를 말합니다. 아프리카 저개발국가의 엄마들은 문맹과 정수시설 미비, 정보 습득의 한계 등으로 경제적·사회적·환경적으로 취약한 상태에 있는 소비자들이었습니다. 이미 무료 샘플을 통해 분유에 길들여진 아기와 엄마들이 나중에는 비싼 값을 치르고 분유를 사먹어야 했던 점이나, 분유 수유가 오래 지속되면 아이에게 좋지 않은 영향을 미칠 수도 있다는 판단을 하기 어려웠다는 점에서 그렇습니다. 취약한 상태에 있던 아프리카 엄마들은 모유 수유라는 최선의 선택을 버리고 아이를 죽음에까지 이르게 하는 선택을 한 것입니다.

우리 주변에서도 합리적 판단이 어려운 소비자를 상대로 한 마케팅을 흔히 볼 수 있어요. 패스트푸드점에서 장난감을 끼워 팔아 아이들 구매 욕구를 자극하는 것이나, 수입이 없는 대학생에게 신용카드를 발급하는 것, 그리고 볼거리를 제공해 노인들을 불러 모은 뒤 비싼 물품을 판매하는 것이 모두 취약 소비자를 대상으로 한 기업의 마케팅 사례라고 할 수 있어요.

그렇다면 기업은 취약한 소비자를 위해 어떻게 행동해야 할까요? ISO26000(모든 조직의 사회적 책임에 관한 가이드라인)[3]에서는 모든 조직은 잠재적인 위험을 인지하거나 평가할 능력이 모자라는 취약 집단에 특별한 주의를 기울여야 한다고 말해요. 정부가 취약 계층을 보호하기 위해 정책과 제도를 만들고 실행하듯 기업도 취약한 소비자를 보호하기 위한 정책을 만들고 실행해야 한다는 것이지요.

기업은 취약한 소비자를 이윤을 얻는 대상으로 보기보다 적극적으로 보호하는 게 우선이에요. 그리고 취약한 소비자의 처지를 충분히 고려해서 안전한 제품과 서비스를 제공해야 할 책임도 있지요. 물론 기업은 상품을 팔기 위해서 어느 곳에서나 마케팅을 할 수 있어요. 그러나 네슬레 사례에서 볼 수 있듯이 그 행위 때문에 피해가 생기고, 피해를 입은 사람이 사회적으로 보호받아야 할 취약 계층일 경우 비윤리적 기업이라는 비판을 피하지 못할 것입니다.

같은 일을 하는데 왜
똑같이 대우받지 못할까?
현대자동차

세상의 모든 조카들에게

오후 다섯 시가 넘어가자 인적이 드문 공장 인근 길가에 사람들이 쏟아져 나오고 있어. 오늘은 잔업이 없는 '가정의 날'. 일을 마치고 집으로 향하는 사람들의 발걸음이 점점 빨라지는구나. 사람들이 썰물처럼 빠져나간 현대자동차 울산 공장 아스팔트 위로 송전탑 철 구조물의 그림자가 길게 늘어서 있어. 어쩐지 그게 좀 쓸쓸해 보인다.

해가 기울면 송전탑 아래로 변함없이 사람들이 모이기 시작해. 현대차 비정규직, 정규직 노동자와 지역 노동조합 조합원 수백 명이 농성 천막 주위에 모여 조용히 촛불을 밝히지. '해고 없는 세상' '비정규직 없는 세상'이라고 쓰인 빨갛고 노란 현수막이 바람에 나부끼고 누가 누군지 알아볼 수 없는 촛불들이 지상에 내려온 별처럼 빛나고 있어. 그 뒤로 울산 12경 중 최고라는 울산공단의 야경이 화려하게 펼쳐지고 앞으로는 태화강이 유유히 흐른단다.

태화강 전망대에서 바라본 풍경이냐고? 아니. 촛불 집회가 열리고 있는 송전탑 바로 위에서 내려다본 광경이야. 나는 지금 50미터 높이의 철탑 중간쯤 난간에서 이 편지를 쓰고 있어. 지난 2012년 10월 17일 밤, 어둠을 뚫고 이곳까지 올라왔지. 3미터 높이까지 철제 난간을 오른 다음에야 비로소 발을 디딜 대못 하나를 발견할 수 있었어. 우리는 철근과 철근 사이에 철판을 덧대어 깔고 밧줄로 단단히 연결했지.

그러고 나서 바닥에 매트를 깔고 비를 막을 초록색 천막도 하나 쳤어. 이 두 평 남짓한 공간에서 벌써 두 달째 버티고 있는 셈이야.

우리가 철탑에 오른 다음, 회사는 송전탑 주변에 철제 울타리를 둘러 버렸어. 다른 사람들이 오르지 못하게 하려고 말이지. 2미터가 넘는 울타리에는 가시철조망까지 얼기설기 얽혀 있어 우리는 흡사 제 발로 철탑에 올라 하늘 감옥에 갇힌 것 같아.

지상과 연결된 유일한 통로는 휴대전화야. 카카오톡에 고공 농성 관련 채팅방을 열고는 뜻을 같이 하는 사람들과 응원의 메시지를 주고받고 있지. 필요한 것이 있을 땐 동료들에게 문자를 보내. '배터리 주시고 종이컵 한 줄 주시고, 물티슈도 있으면 많이 주세요.' 동료들은 기꺼이 우리의 손발이 되어 주지. 하루에 두 번, 식사와 휴대전화 배터리, 용변 볼 때 쓸 페트병이 도르래를 타고 철탑 위로 올라온단다.

송전탑에서는 깊은 잠을 자기가 어려워. 바다가 가까운 탓에 매서운 바닷바람이 수시로 철탑을 흔들지. 10분에 한 대씩 지나가는 동해남부선 기차의 진동과 소음도 고스란히 전해져. 초저녁에 두세 시간 자고 밤새 자다 깨다를 반복해. 그러다가 보면 아침이 되기 일쑤야. 눈을 뜨면 가장 먼저 날씨를 점검하지. 이제는 기상 캐스터가 알려 주지 않아도 온몸으로 날씨를 가늠할 수 있어. 요즘은 밤새 철탑에 스며든 찬 기운이 스멀스멀 올라와 뼛속까지 추운 기운이 느껴져. 아침에 일어나면 천막 안쪽 비닐에 얼음이 얼마나 두껍게 얼어 있나 확인하는 것도 일과 중 하나가 되었지. 철탑엔 15만 4천 볼트의 고압 전류가 흐르고 있어. 천둥 번개라도 치는 날엔, 감전사하는 건 아닐까 덜컥 겁부터 난단다. 비가 오면 우비 하나 입고 비닐 텐트를 덮은 채 어서 비가 지나가기만을 기다리는 수밖에 없어. 눈발이 성성하던 지난주엔 체감온도가 영하 30도까지 떨어졌는데, 난로 하나 없는 철탑 위에서 뜨거운 물을 채운 낚시용 물난로 하나에 의지해 겨우 추위를 버텨 냈어.

이쯤 되면 아마 궁금할 거야. 이 추운 겨울에 왜 그렇게 위험한 송전탑에 올라가서 고생을 하고 있는지. 대체 무엇을 얻기 위해 송전탑에 올라간 것인지.

2002년 봄, 나는 스물여섯의 나이에 대학을 그만두고 현대자동차 울산 공장에 취직했어. 물론 정규직은 아니었어. 생활정보지를 통해서 현대자동차 사내 하청으로 취직해서 일을 시작했지. 현대자동차에 사내 하청 노동자가 급증한 것은 1998년부터야. 외환 위기의 직격탄을 맞고 구조 조정을 단행한 회사가 어느 정도 경기가 회복되자 정규직 대신 사내 하청 노동자로 공장을 채운 거지. 나 역시 정규직 사람들과 섞여서 자동차 열쇠함을 조립하는 일을 했단다.

첫 출근하던 날, 공장이 하도 넓어서 나중에 업체 사무실에 어떻게 찾아가야 할지 걱정했던 기억이 난다.(웃음) 당시에는 정규직과 비정규직이 어떤 차이가 나는지 잘 몰랐어. 그저 현대자동차에 다닌다는 것만으로도 어깨가 으쓱했지. 하지만 정규직과 비정규직은 대우부터 달랐어. 하청업체 직원들은 공장에 들어갈 때도 사원증 대신 출입증을 받아야 해. 직원들이 타고 다니는 통근버스도 탈 수 없지. 익숙지 않은 컨베이어 벨트 속도를 따라가는 것도 쉽지 않은 일인데, 하루 꼬박 10시간씩 하는 야간 노동은 주로 사내 하청 노동자들의 몫이었어. 게다가 회사에서 정규직 직원이라도 채용하면 그만둬야 할지 모른다는 불안감 속에서 일을 해야 했지. 그런 처지에 놓인 사내 하청 노동

2012년 10월 17일, 현대자동차에서 사내 하청 노동자로 일하다 해고된 최병승, 천의봉 씨는 울산 공장 송전탑 50미터에 올랐다. 대법원으로부터 지난 2012년 2월 정규직 판결을 받은 최병승 씨는 혼자만을 위한 소송이 아니었다며 모든 사내 하청 노동자의 정규직 전환을 요구하며 고공 농성 중이다. ⓒ노동과세계자가 울산 공장에만 5천 명이 넘었단다.

그런데 알고 보니 회사가 그런 식으로 노동자를 부리는 게 불법이더라. 2004년 9월에 고용노동부(당시 노동부)는 현대자동차 울산, 아산, 전주 공장의 127개 사내 하청 업체가 고용한 9천여 명에 대해 불법 파견이라는 판정을 내렸어. 비정규직 노동자인 우리는 그때부터 회사에 정규직으로 전환해 달라고 요구하기 시작했지. 똑같은 조건에서 똑같은 일을 하는데 정규직이 아니라는 이유만으로 월급도 적게 받고 대우도 제대로 받지 못하는 건 부당한 일이잖아. 하지만 회사는 우리를 정규직으로 전환하는 대신 가차 없이 해고해 버렸어. 울산 공장 비정규직지회 조합원 1,900명 중 161명이 해고됐고, 1천여 명이 징계를 받았지. 노조 간부 20명이 구속됐고 두 명이 자살했어. 두 명은 자신의 몸에 시너를 뿌렸지.

2005년 2월 해고된 나는 그대로 물러설 수 없었어. 곧 지방노동위원회에 부당 해고 구제 신청을 냈지. 싸움은 중앙노동위원회를 거쳐 행정법원, 고등법원까지 장장 7년 동안 이어졌어. 그리고 결국 지난해 2월, 대법원으로부터 '현대자동차 직원이 맞다'는 판결을 받아낸 거야. 비로소 현대자동차 직원이라는 사실을 법으로 인정받은 거지. 하지만 현대자동차는 여전히 사내 하청 노동자들을 정규직으로 인정하지 않아. 그러니 우리가 더 이상 어떤 방법을 쓸 수 있었겠어?

우리는 그동안 할 수 있는 방법을 다 썼어. 2004년부터 지금까지 계속 회사에 교섭을 요구했고, 여러 차례 파업을 했어. 그리고 법대로 하자고 해서 대법원 판결까지 받았고, 정치적 해법을 만들어 보자고 해서 국정 감사를 세 차례나 실시했지. 하지만 달라지는 건 없었어.

회사는 전혀 변하지 않았고 행정기관도 별다른 조치를 취하지 않았지. 그래서 위험을 무릅쓰고 송전탑에 오른 거야. 회사에 대해 더 이상 불법을 저지르지 말고 법을 지키라는 당연한 요구를 하기 위해서, 그리고 우리 스스로 우리의 억울함을 세상에 알리기 위해서 말이야.

  회사는 우리가 송전탑에 올라오고 나서야 부랴부랴 대법원 판결을 받은 나만 정규직으로 전환시키겠다고 했어. 하지만 나는 지난 7년 동안 나 혼자만을 위해 소송을 한 게 아니야. 나와 같은 처지에 있는 사내 하청 노동자들을 대표해서 소송을 한 거지. 그러니 회사가 사내 하청 노동자 전부를 정규직으로 전환하기 전에는 이 송전탑에서 내려가지 않을 작정이야.

  지금 송전탑 아래에서 촛불을 켠 노동자들이 부르는 노동가요가 어렴풋이 들려와. 그들도 철탑 아래에 천막을 세우고 야간 조와 주간 조가 교대로 천막을 지키면서 농성을 이어가고 있지. 이 철탑 농성이 얼마나 길어질지는 나도 잘 모르겠어. 용변 봉투를 내려보내고, 오랫동안 씻지 못하는 건 그나마 익숙해졌지만, 무시로 드나드는 칼바람을 온몸으로 감내하며 허공에서 잠드는 건 좀처럼 익숙해지지 않는구나. 언제까지 추락의 위험에 떨면서 이 위험한 고공 농성을 계속해야 할지, 과연 회사는 해결할 의지가 있는 것인지, 법을 지키라는 우리의 요구가 그렇게도 무리한 것인지……. 오늘 밤도 무척 길 것 같다.

2012년 12월 24일 크리스마스 이브에

---

* 현대자동차 울산 공장 송전탑 위에서 고공 농성을 벌이고 있는 비정규직 노동자 최병승, 천의봉 씨 이야기를 청소년에게 보내는 편지 형식으로 각색했습니다.

4명 중 1명이 사내 하청 노동자

잘 알다시피 현대자동차는 그랜저, 소나타 등 완성된 자동차를 생산하고 판매하는 우리나라의 대표적인 자동차 회사입니다. 현재 전 세계 9개국에 30개의 공장을 두고 한 해에 약 7백만 대의 자동차를 생산하고 있지요.

자동차 한 대를 만들기 위해서는 엔진, 핸들, 계기판, 문, 타이어, 브레이크 등 다양한 부품과 장비가 필요합니다. 그렇다면 현대자동차는 자동차에 쓰이는 장비와 부품을 모두 다 만들까요? 그렇지 않습니다. 큰 자동차 회사들은 아주 많은 중소기업으로부터 다양한 부품을 납품받아 조립해서 자동차를 완성하고 있어요.

이렇듯 자동차 한 대를 만드는 데 필요한 부품과 장비가 많다 보니 그에 따른 인력도 많이 필요합니다. 정규직 노동자는 물론, 중소기업에서 부품을 생산하는 중소기업 노동자, 그리고 파견이나 사내 하청 형태로 사내 공장에서 일하는 노동자까지 수많은 사람들이 자동차 생산 공장에서 일하고 있지요.

좀 더 자세히 알아볼까요?

한 중소기업이 있습니다. 이 중소기업은 자동차 핸들을 만드는 회사예요. 이 회사에서 현대자동차에 핸들을 납품하려면 현대자동차는 이 중소기업과 '도급 계약'을 맺어요. 중소기업은 정해진 날짜에 물품(핸들)을 납품하고, 현대자동차는 중소기업에 납품 대가를 지불하는 것이 도급 계약이지요. 말하자면 중소기업은 현대자동차의 하청업체이고, 현대자동차는 이 중소기업의 원청업체가 되는 거예요. 이런 경우 핸들을 만드는 중소기업의 노동자들은 당연히 중소기업에서 일하고 중소기업에서 임금을 받겠지요.

그런데 원청업체에서 인력이 모자랄 경우 부품이나 장비뿐 아니라 일할 사람을 요청하기도 해요. 예를 들면 현대자동차가 인력소개소 같은 파견 회사에 노동자 파견을 요청하는 거예요. 파견이란 일정한 임무를 주어서 사람을 필요로 하는 곳에 보내는 것을 말합니다. 즉 파견 회사가 자신들이 고용한 사람을 현대자동차에 보내서 일을 하게 하는 것이지요. 이 경우에 파견된 노동자는 현대자동차의 지휘와 명령을 받게 되지요.

그리고 또 하나는, 현대자동차에 부품을 납품하는 중소기업의 노동자가 직접 현대자동차의 생산 공장에서 일을 하는 경우예요. 예를 들어 문짝을 납품하는 중소기업의 노동자가 자기 회사의 사업장이 아니라 현대자동차 사내 사업장 안에서 문짝을 만든다면 이들을 '사내 하청 노동자'라고 부릅니다. 이들은 현대자동차와 도급 계약을 맺은 하

파견과 도급의 구별

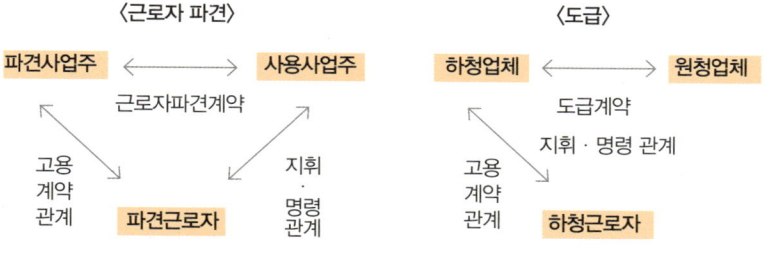

('파견·도급 구별 참고 자료', 노동부, 2009)

청업체의 노동자면서 현대자동차 사업장 안에서 일하는 사람들이지요. 말하자면 하청업체에 속해 있지만 정규직 직원처럼 현대자동차의 지휘와 명령을 받는 셈이에요. 그렇다면 이런 사람들은 하청업체의 직원일까요? 아니면 현대자동차의 직원일까요?

현대자동차는 이러한 노동자들은 자기 회사 직원이 아니라고 말해요. 하청업체에 소속되어 있으니 당연히 도급 계약을 맺은 중소기업 직원이라는 말이지요. 맞는 말 같지만 여기에는 큰 함정이 있어요. 바로 사내 하청 노동자들이 현대자동차가 고용한 정규직 직원들과 똑같은 조건에서 똑같은 일을 한다는 사실이지요. 때로는 정규직 직원보다 더 많이 야근을 하기도 해요. 그러면서도 임금은 현대자동차 정규직 직원의 70~80퍼센트 정도밖에 받지 못하지요. 그리고 현대자동차가 새로 정규직 직원을 뽑으면 그 자리에 있던 사내 하청 노동자는 그 일을 먼저 하고 있었다고 해도 꼼짝없이 그만두어야 해요.

고용노동부가 2010년에 300인 이상이 근무하는 기업 1,939곳을 조사한 결과, 41.2퍼센트인 약 800여 개 기업에서 사내 하청을 쓰고 있는 것으로 나타났습니다. 우리나라 사내 하청 노동자는 자그마치 32만 6천 명으로 전체 노동자의 24.6퍼센트나 차지해요. 4명 중 1명이 사내 하청 노동자인 셈이에요.

사내 하청 노동자가 많은 이유

그렇다면 기업은 왜 정규직을 뽑지 않고 사내 하청 노동자에게 일을 하게 할까요? 첫째는 해고가 쉽기 때문이에요. 정규직 노동자는 노동조합과 노동법의 보호를 받고 있어서 아무리 기업이라고 해도 마음대로 해고할 수가 없어요. 하지만 사내 하청 노동자는 자기 회사의 직원이 아니기 때문에 상대적으로 해고가 쉽지요. 둘째, 사내 하청 노동자는 아무리 오래 일한다고 해도 정규직으로 채용할 의무가 없어요. 파견 노동자와 기간제(기간을 정해 일을 하기로 계약한 노동자) 노동자는 2년 이상 계속해서 일할 경우 정규직으로 채용해야 해요. 하지만 사내 하청 노동자는 이미 하청업체에 소속되어 있기 때문에 원청업체가 정규직으로 채용할 의무가 없지요. 셋째, 우리나라의 파견법에 따르면 자동차 회사 같은 제조업에서는 노동자를 파견할 수 없도록 되어 있어요. 그래서 파견 대신 사내 하청 형식으로 인력을 쓰고 있는 것입니다.

그러면 다른 나라의 자동차 회사도 우리나라처럼 사내 하청 노동자를 많이 쓸까요? 고용노동부가 2010년에 발간한 보고서에 따르면 우

주요 국가 자동차 기업 사내 하청 현황

나라	독일	프랑스	일본	한국
기업	폴크스바겐	르노	닛산·도요타	현대·기아·르노한국지엠
사내 하청 현황	생산직 중 사내 하청 없고 파견 노동자 1.6~2% 고용. 구내식당까지 직영.	식당 이내 경비는 사내 하청. 제조 업무는 예외적으로 일부 사내 하청 사용.	닛산은 생산공정에는 극히 한정된 분야만 사내 하청 사용. 도요타는 사내 하청 전혀 쓰지 않음.	모든 자동차 공장에서 생산공정에 전체 노동자의 최대 30%까지 사내 하청으로 채움.

('외국의 사내 하도급·파견 현황 및 제도 실태 조사', 고용노동부, 2010.)

리나라만큼 사내 하청을 많이 쓰는 나라는 거의 없는 것으로 나타났습니다. 독일 폴크스바겐자동차 볼프스부르크 공장의 경우, 생산직 노동자 2만 5천 명 가운데 사내 하청 노동자는 한 명도 없어요. 다만 파견 노동자가 전체의 1.6~2퍼센트인 400~500명 정도 일하고 있었지요. 프랑스 르노자동차는 식당·경비 등 생산직이 아닌 분야에서만 사내 하청 노동자를 쓰고 있어요. 제조 업무에는 예외로 일부에서 사내 하청 노동자를 쓰고 있을 뿐이에요. 일본의 닛산자동차도 생산공정에선 극히 한정된 분야에서만 사내 하청 노동자를 쓰고 있어요. 사내 하청 노동자를 쓰는 경우에도 정규직과 사내 하청 노동자들이 하는 일을 엄격하게 구분하고 있어서 같은 업무를 하면서 차별을 받는 경우는 거의 없답니다. 또 일본 도요타자동차는 파견 노동과 사내 하청이라는 형태로 인력을 운영하지 않고, 직접 고용한 기간제 노동자를 활용하고 있다고 밝혔어요.[4]

불법 파견을 인정하라

이처럼 다른 나라의 자동차회사들이 사내 하청을 거의 쓰지 않는 데 비해 우리나라는 많은 기업에서 사내 하청 방식으로 노동자를 쓰고 있어요. 그래서 정규직과 똑같은 일을 하면서도 부당하게 차별을 받는 경우가 많지요. 이 때문에 현대자동차 비정규직 사내 하청 노동자들은 2004년 8월, 노동부에 진정서를 냈어요. 자기들이 하는 일이 불법 파견에 해당하는 건 아닌지 판단해 달라는 것과, 만약 불법 파견이라면 현대자동차에 그에 따른 조치를 취해 줄 것을 요구하는 내용이었지요.

노동부는 현대자동차 사내 하청 노동자가 형식적으로는 '도급' 형태이지만 내용상으로는 사용 사업주(현대자동차)가 파견 노동자에게 지휘·명령을 하는 '파견'이라고 판단했어요. 제조업에 파견을 금지하는 현재의 법률에 비추었을 때 현대자동차가 '불법 파견'을 한 것으로 판정하고 시정 조치를 내린 것이지요. 당시 노동부가 인정한 현대자동차의 불법 파견 인원은 자그마치 1만여 명에 달했어요. 그리고 대법원에서도 2010년과 2012년 두 차례에 걸쳐 "현대자동차 사내 하청 노동자는 불법 파견에 해당하고, 파견 형태로 2년 넘게 일했으므로 정규직으로 봐야 한다"는 판결을 내렸지요.

현대자동차의 사내 하청 노동자들은 대법원 판결을 근거로 현대자동차의 사내 하청 노동자를 정규직으로 전환해 달라고 요구하기 위해 회사와 대화를 시도했어요. 하지만 회사는 불법 파견을 인정하지 않았고 대화에 적극적으로 나서지도 않았어요. 오히려 사내 하청 노동자들에게 "노조를 탈퇴하라"고 협박하고, "이후에는 파업이나 쟁의 활동에 참여하지 않겠다"는 각서를 쓰도록 강요했지요. 또 '노조 지도자들에 대한 감시와 사찰'을 했다는 주장도 있어요. 노동·인권·법률 단체들은 이 주장이 맞는지 확인하기 위해 진상 조사단을 꾸렸어요. 진상 조사단은 조사 결과를 '현대자동차 비정규직 노조 탈퇴 강요·인권 침해 진상 조사 보고서'에 담았어요.

이 보고서에 따르면 현대자동차는 아산 공장에서 39명을 해고하고 158명을 정직 처리했어요. 울산 공장에서는 45명을 해고하고 539명에게 정직과 감봉 조치 등 징계를 했고요. 사내 하청 노동자들은 회사의 징계에 대해 해명할 기회도 없었고, 사내 하청 노조에 가입했다는 이유로 따돌림을 당하거나 조합을 탈퇴하라고 강요받기도 했어요. 현대자동차 사내 하청 노동자들은 이러한 회사에 맞서 자신들의 요구를 관철시키기 위해 2012년까지 무려 스무 번이 넘는 파업을 강행했고 이 과정에서 160여 명이 해고되었어요. 또 비정규직 조합원 1,200명 가운데 1,000명이 넘는 사람들이 크고 작은 징계를 받았지요.

현대자동차는 계속되는 시위에도 불구하고 불법 파견이라는 사내 하청 노동자들의 주장을 인정하지 않으려 했어요. 그러나 대법원의 판결을 시행하라는 사회적인 요구가 계속되고, 노동계의 저항도 끊이지 않았기 때문에 더는 묵과할 수가 없었지요. 이대로 가다간 법을 지키지 않는 기업이라는 오명을 쓸지도 모를 일이니 어떤 식으로든 해결책을 내놓아야 했어요.

2012년 8월, 현대자동차는 비로소 타협안을 발표했습니다. 2015년

현대자동차 울산, 아산, 전주 공장의 사내 하청 노동자 처벌 현황

해고 및 징계 (명)				
구분	울산	아산	전주	계
해고	48	41	15	104
정직	490	160	9	659
감봉 견책	파악 불가	59	270	329
계	538	260	294	1,092

구속 및 수배 (명)				
구분	울산	아산	전주	계
구속	5	–	–	5
수배	3	1	1	5
고소 고발	153	12	12	177
계	161	13	13	187

(전국금속노동조합 보도자료 2011. 05. 17.)

말까지 3,000~3,500여 명의 사내 하청 노동자를 정규직으로 신규 채용하겠다는 것이었지요. 하지만 사내 하청 노동자들은 이 계획에 즉각 반발했어요. 왜냐하면 회사가 그동안 사내 하청 노동자가 일한 기간을 깡그리 무시하고 '신규'로 채용하겠다고 했기 때문이지요. 사내 하청 노동자들은 지금까지 일한 경력을 모두 인정해 줘야 한다며 회사에 맞섰어요. 이미 대법원의 판결이 내려진 만큼 2년 넘게 일한 사내 하청 노동자들을 전원 정규직으로 전환해야 한다는 것이었지요.

회사와 노동자 사이의 팽팽한 신경전은 급기야 고공 농성으로 이어졌어요. 2012년 10월, 현대자동차에서 사내 하청 노동자로 일하다 해고된 최병승 씨와 천의봉 씨가 50미터 높이의 송전탑 위로 올라갔어요. 송전탑에는 지금도 '불법 파견 인정하고 모든 사내 하청 노동자를 정규직으로 전환하라', '정규직 전환 없는 신규 채용 중단하라'라는 현수막이 걸려 있어요. 사내 하청 노동자들을 대표해서 송전탑에 올라간 이들의 요구는 아주 명확해요. 회사가 '법을 지키라'는 것이지요.

한편 사내 하청 노조가 어떤 식으로든 결단을 내려야 한다는 목소리도 있어요. 현재 노동 환경에서 현대자동차가 사내 하청 노동자 전원을 정규직으로 전환하는 것은 무리이고, 우선 3,500여 명을 정규직으로 채용하겠다고 했으니 노조도 문제 해결을 위해 보다 적극적으로 나서야 한다는 것이지요. 사내 하청 노동자 전원을 정규직으로 전환하기보다는 모자라는 인력을 충원하는 방식의 신규 채용이 합리적이라는 말이에요. 또 이미 현대자동차의 기준에 따라 정규직으로 일하고 있는 기존 직원들과의 형평성 문제도 고려해야 하므로 단계적으로 정규직으로 전환하는 것이 보다 현실적이라는 의견이지요.

회사 측과 사내 하청 노동자들의 의견은 좀처럼 좁혀지지 않고 있어서 올해도 현대자동차 국내 생산 공장에서는 지난한 충돌과 다툼이 계속될 듯합니다.

노동의 유연성보다 안정성이 우선

기업은 언제나 가능하면 적은 인원을 고용해서 최대의 성과를 내고 싶어 합니다. 이것은 기업 경영의 중요한 목표 가운데 하나이지요. 그래서 대부분의 기업은 경영이 위태로워지거나 일감이 줄어들면 고정적으로 나가는 인건비부터 줄이기 위해 노동자를 해고하려고 하지요. 이것을 '노동의 유연화'라고 말해요.

그래서 법은 기업이 노동자를 마음대로 해고하지 못하도록 금지하고 있어요. 법에 따르면 기업은 노동자가 해고 사유에 해당할 만큼 큰 잘못을 저지르지 않는 이상 마음대로 해고할 수 없습니다. 노동자와 기업 사이의 약속으로 만들어진 단체협약에도 고용 안정을 위해 노동자에 대해 징계와 해고를 함부로 못하도록 상세한 절차와 해고 제한 사유를 밝혀 놓습니다.

이처럼 기업은 한번 뽑은 직원을 마음대로 해고할 수 없는 여러 장치들이 있기 때문에 애초에 직원을 뽑을 때 고용과 해고가 쉬운 형태로 채용하기를 원해요. 말하자면 비정규직으로 채용하는 것이지요. 비정규직 노동자란 노동 계약을 할 때 정한 기간만큼만 일하고 그 이후에는 자동적으로 계약이 해지되는 사람들이에요. 특별히 해고 절

· · · · ·

두 명의 노동자가 송전탑에 올라간 지 두 달이 넘은 2012년 12월, 법학 교수 35명이 정몽구 현대자동차그룹 회장을 불법 파견 혐의로 검찰에 고발했다. 법학 교수들은 제조업에는 파견이 법으로 금지되어 있는데 현대자동차가 사내 하청 노동자들을 파견 노동자로 사용한 점, 대법원의 불법 파견 확정 판결에도 현대자동차가 이를 전혀 시정하지 않고 있는 점, 파견 노동자들을 부당하게 해고한 점 등을 들어 현대자동차가 대법원의 권한을 무시하고 법질서를 어지럽히고 있다며 처벌을 요구했다. 2012년 12월 13일, 고발장 제출을 위해 서울중앙지검을 찾은 김재완(방송통신대), 이호중(서강대), 조승현(방송통신대), 한상희(건국대) 교수와 대리인 김남희 변호사. ⓒ참여연대

차를 밟지 않아도 해고할 수 있어요. 이런 비정규직의 유형에는 기간을 정해 놓고 일하는 기간제 노동자, 시간을 정해 놓고 일하는 시간제 노동자(아르바이트) 등이 있어요. 파견 노동자도 비정규직에 속하고요. 현대자동차 사내 하청 노동자들도 파견 노동이라는 판결을 받았기 때문에 비정규직이라고 할 수 있어요.

통계청 자료에 따르면 한국은 현재 전체 노동자의 33.3퍼센트가 비정규직이에요. 3명 가운데 1명이 비정규직인 셈이지요. 비정규직 가운데 절반 이상은 노동자가 원하진 않았지만 주어진 일자리가 비정규직인 '비자발적 비정규직'이에요(2012년 8월 조사). 그리고 비정규직의 임금은 정규직 임금의 58.4퍼센트 수준이에요(2012년 3월 조사).

정규직과 비정규직의 차이는 임금뿐만이 아니에요. 우리나라 노조는 아직까지 비정규직 노동자를 정식 조합원으로 인정하지 않고 있어요. 그래서 비정규직 노동자가 법에 보장되어 있는 기업의 복지 혜택을 받는 경우는 매우 드문 일이지요. 사내근로복지기금, 상여금, 건강진단비, 학자금 등 많은 복지 제도는 비정규직 노동자에게는 그림의 떡일 뿐이에요. 고용만 불안한 것이 아니라 복지에서도 차별을 받고 있는 것이지요.

기업이 추구하는 노동의 유연화는 필연적으로 고용 불안을 가져올 수밖에 없어요. 계약 기간이 끝나면 회사를 그만두어야 하는 조건에서 노동자들은 늘 실업자가 될 수 있다는 불안감에 시달릴 수밖에 없으니까요. 이 때문에 ISO26000은 개인과 사회 전체를 위해 안정적인 고용이 중요하며, 비정규직 노동자를 줄이기 위해 기업이 적극적으로 고용 정책을 마련해야 한다고 권고하고 있어요. 개인에게 안정적인 일자리가 주어지면 사회 전체의 안정성이 높아지기 때문이지요.

  그러므로 기업은 채용과 해고를 자유롭게 할 수 있는 노동의 유연성을 높이기보다는 노동자가 안정적인 삶을 유지할 수 있도록 사회적 책임을 다해야 합니다. 어찌 보면 기업이 고용하고 있는 노동자가 바로 그 기업의 물건을 구매하는 소비자이기도 하고, 기업에 투자하는 투자자이기도 하지요. 그러니 이들에게 안정적인 일자리를 제공하는 것이야말로 곧 사회 전체의 안정성에 기여하는 일이고, 또 기업이 안정적인 경영을 해 나갈 수 있는 바탕이 되는 것 아닐까요?

왜 대형 마트는 지역사회와 공존해야 할까?

대형 마트

앵커

서울 마포구 합정동, 서교동, 망원동 일대에 홈플러스 계열 대형 마트가 잇따라 들어서자 전통 시장 상인들이 입점 중단을 요구하고 나섰습니다. 김레알 기자가 보도합니다.

기자

저는 지금 서울 마포구 합정역에 위치한 초고층 주상복합 아파트 메세나폴리스에 나와 있습니다. 메세나폴리스 바로 앞에서는 홈플러스 입점을 반대하는 시장 상인들의 천막 농성이 벌써 120여 일째 이어지고 있습니다. 대형 마트의 입점에 맞선 마지막 수단입니다.

서울 마포구에 있는 망원시장과 월드컵시장은 수십 년 동안 지역 주민의 먹을거리를 책임져 온 전통 시장입니다. 싱싱한 제품을 싸게 살 수 있어 인근 주민의 발길이 끊이지 않고 있습니다. 하지만 요즘 시장 상인들은 좀처럼 일이 손에 잡히지 않는다고 합니다.

"지금 시장 분위기가 말이 아니에요. 월드컵경기장에 홈플러스가 들어서고 나서 매출이 뚝 떨어졌는데, 합정역에 또 홈플러스가 들어오면 매출이 더 떨어질 것은 불 보듯 뻔한 일이잖아요. 우리한테는 그야말로 생계가 걸린 문제라서 어떻게든 막아야 한다는 생각뿐입니다."

서울 마포구 합정역 인근의 메세나폴리스 앞에서 홈플러스 합정점이 들어서는 것을 반대하는 전통 시장 상인과 지역 주민 들이 천막 농성을 벌이고 있다.

홈플러스 합정점은 메세나폴리스 지하 1층에 1만 4천제곱미터 규모로 들어설 예정입니다. 하지만 차로 5분 거리에 홈플러스 월드컵점이 이미 영업을 하고 있고, 기업형 슈퍼마켓인 홈플러스익스프레스도 있습니다. 여기에 더해 합정역에도 들어선다면 홈플러스끼리도 상권이 겹치지 않느냐는 지적도 받고 있습니다.

특히 홈플러스 합정점은 전통 시장인 망원시장과 불과 670미터밖에 떨어져 있지 않습니다. 망원시장 상인들에게는 직격탄이 될 수밖에 없습니다. 게다가 합정역 인근 150미터 안의 영진시장과 합정시장에는 중소 상가들이 모여 있어 홈플러스가 들어서면 이들 중소 상인의 피해가 상당할 것으로 보입니다.

실제로 서울시가 조사를 의뢰한 한누리창업연구소 결과에 따르면 홈플러스 입점이 지역 상인들에게 적지 않은 영향을 주는 것으로 나타났습니다.

"홈플러스가 들어설 경우 주변 상권에 어떤 영향을 미치는지 분석했습니다. 그 결과 홈플러스 합정점이 들어서면 반경 1킬로미터 이내에 있는 소규모 점포 454개가 매출에 영향을 받는 것으로 드러났어요. 특히 반경 500미터 안에 있는 142개 점포는 매출이 30퍼센트 이상 떨어질 것으로 예상됩니다. 슈퍼나 편의점, 가공식품, 농수축산 식품을 판매하는 점포의 평균 영업 이익 감소율은 66.8퍼센트에 달할 것입니다. 한마디로 중소상인들에게는 생존권을 위협하는 거대 기업의 횡포나 다름없는 것이지요."

사정이 이러한데도 홈플러스 측은 꿈쩍하지 않고 있습니다.

"우리 홈플러스는 지난 2007년부터 합정점을 내기 위해 정상적인 절차를 밟아 왔습니다. 합법적으로 사업 승인을 받았기 때문에 언제든 문을 열 수 있습니다."

실제로 홈플러스 개점을 법으로 막을 명분은 없다고 합니다. 마포구의회 조례 전문가의 의견을 들어 보겠습니다.

"우리나라는 2010년에야 유통산업발전법을 개정했어요. 이 법에 의하면 전통 시장 반경 1킬로미터 내에는 대형 마트가 들어설 수 없게 돼 있지요. 이에 따라 마포구의회도 2011년 4월에 관련 조례를 제정해서 공포했어요. 하지만 홈플러스 합정점은 조례가 제정되기 3개월 전에 이미 영업 허가를 받았기 때문에 안타깝지만 법적으로는 아무 제재를 할 수가 없습니다."

홈플러스 측은 형식이나 절차에서 법을 어긴 것이 없기 때문에 정상적으로 개점할 계획이라고 합니다. 이에 대해 전국소상공인단체연합회 김경배 회장은 이렇게 경고합니다.

"무조건 법적으로 문제 없다는 논리를 앞세워 힘으로 밀어붙인다면 더 큰 저항에 부딪칠 수밖에 없습니다."

실제로 홈플러스 입점을 두고 지역 주민들 사이에서도 의견이 분분합니다. 전통 시장을 오랫동안 이용해 온 지역 주민들은 홈플러스 입점에 반대하고 있습니다.

"망원시장이나 월드컵시장 물건이 대형 마트보다 값도 싸고 싱싱해서 좋아요. 이런 전통 시장이 대형 마트 때문에 망하는 일은 없었으면 좋겠어요. 홈플러스 입점은 상인들 생존권 문제만이 아니라 전통 시장을 이용하는 주민들 삶과도 연결되어 있으니까요."

입점에 찬성하는 사람들도 있습니다. 메세나폴리스에 새로 입주한 주민의 이야기 들어보시죠.

"여기에서 망원시장까지는 가깝게 걸어 다닐 수 있는 거리가 아니에요. 홈플러스가 생기면 아무래도 편하게 장을 볼 수 있겠지요. 입점을 반대하는 상인들 마음을 모르는 것은 아니지만, 인근 주민들의 편의성과 접근성도 고려해야 하지 않을까요?"

망원, 월드컵시장뿐 아니라 메세나폴리스 인근 시장 상인들 의견도 갈립니다. 메세나폴리스 인근에서 식당을 운영하는 한 상인의 말입니다.

"메세나폴리스 안에 홈플러스만 들어서는 게 아니라 식당, 피자 집, 치킨 집, 패스트푸드점까지 들어서기 때문에 골목 상권 매출이 줄 수밖에 없어요. 시장 상인은 아니지만 골목 상인들도 마음이 착잡하기는 마찬가지입니다."

하지만 메세나폴리스 안에 입점해 있는 상인연합회는 어서 홈플러스가 입점하기만을 기다리고 있습니다.

"시장 상인들 생존권도 중요하지만, 우리 메세나폴리스 안 상인들 생존권도 중요합니다. 홈플러스가 들어올 것을 기대하고 메세나폴리스 안에 가게를 냈는데, 몇 달 동안 홈플러스가 들어오지 못하니 우리도 손해가 막심합니다. 시장 상인들 생존권이 중요하듯 우리 생존권도 존중해 주었으면 합니다."

하지만 망원, 월드컵시장 상인들 입장은 단호합니다.

"대형 유통업체인 홈플러스가 차로 5분도 안 되는 거리에 4천 평이 넘는 대형 마트를 두 개나 내는 것이 말이 됩니까? 대형 마트가 생기면 대기업이 지역 상권을 주도하게 됩니다. 그러면 중소 상인들은 살 길이 막막해져요. 중소 상인들 대다수가 지역 주민인데, 그러면 지역 경제까지 쇠퇴하지 않겠습니까?"

이러한 이유 때문에 독일, 프랑스 등 유럽에서는 대형 마트를 주거지역이나 산업 지구에 들어서지 못하게 금지한다고 합니다. 2012년 국정감사 자료에 따르면 해외에서는 상업지역이라도 대형 유통업체가 들어서는 것을 엄격하게 관리하는 것으로 드러났습니다. 우선 대형 유통업체가 그 지역 상권에 어떤 영향을 미치는지 매출 영향 평가를 엄격하게 실시한 다음, 문제가 없으면 영업 허가를 내주는 것입니다. 그 과정이 엄격해서 뉴욕에 진출하려던 월마트의 계획이 무산되기도 했습니다.

사정이 이러하다 보니 홈플러스 합정점이 들어서는 문제는 단순히 지역 상인과 홈플러스 간의 대립에 그치지 않고 지역사회와 대형 마트의 대립으로 이어지고 있습니다. 실제로 홈플러스 합정점이 들어서는 것에 대해 망원, 월드컵시장 상인들은 물론이고 마포구 지역 공동체들도 반대하고 있습니다. 메세나폴리스 앞에서 시위를 하고 있는 '합정동 홈플러스 입점 저지 마포지역 주민대책위원회'에는 시장 상인 외에도 36개 지역 공동체가 함께하고 있습니다. 지역 주민 1만 7천여 명도 반대 서명에 동참했습니다. 이에 따라 마포구와 서울시의회는 홈플러스 입점 철회를 결의하고 나섰고 중소기업청은 홈플러스 측에 개점을 일시 정지하라고 권고하기에 이르렀습니다.

지역사회 반발이 이처럼 거세지자 홈플러스는 8월 말로 예정되어 있던 개점 일정을 일단 보류한 상태입니다. 하지만 여전히 합정점 개점을 포기하지 않고 있습니다.

"우리는 지금 당장이라도 개점할 수 있습니다. 다만 지역 상인들과 합의를 하기 위해 날짜를 고민하고 있을 뿐입니다."

서울 도심 한복판에서 벌어지는 지역 상인들의 생존권 투쟁은 이제 해를 넘겨 장기전으로 이어질 전망입니다. 합정역 천막 시위 현장에서 SOS 뉴스 김레알이었습니다.

* 서울 마포구 홈플러스 합정점 입점을 둘러싼 논란을 가상 중계 형식으로 재구성했습니다.

사라지는 상점들

　2009년 7월 15일, 충북 청주시에서 가장 큰 시장인 육거리시장은 대낮인데도 지나가는 사람 하나 없이 한산했어요. 낮 시간이라 손님이 많을 때는 아니었지만 상인들조차 찾아보기 어려웠지요. 무슨 일 때문이었을까요? 한 달 전에 충북 지역 시민단체와 상인들이 홈플러스 불매운동을 선포한 상태였어요. 요구 사항은 홈플러스의 24시간 영업을 철회하라는 것과 대형 마트 추가 입점을 중단하라는 것이었지요. 그러나 홈플러스는 묵묵부답으로 응했고, 분노한 상인들이 7월 15일 반나절 동안 '철시'를 결정했어요. 하루 벌어 생계를 유지하는 상인들로서는 큰 결심과 각오가 필요한 일이었지요. 시장을 닫고 상인들은 모두 홈플러스 청주점 앞에 가서 시위를 벌였습니다. 이미 홈플러스 본사도 찾아가 보고 시청과 구청에 민원도 제기했지만 아무런 성과가 없었지요. 이틀 뒤, 상인 10명은 세무서에 사업자등록증을 반납했어요. 대형 마트의 진출로 전통 시장 상인들이 이제 더 이상 장사를 할 수 없게 되었다는 무언의 시위였지요.

　시사 주간지 〈시사인〉은 홈플러스가 청주에 들어선 뒤 주변 상권이 어떻게 변화했는지를 알아보기 위해 상권 분석 전문 회사인 오픈메이트에 조사를 부탁했어요. 비교 시점은 2009년 6월과 2012년 2월 사이였고요. 그 결과, 3년 동안 5킬로미터 안에 있는 슈퍼마켓 337곳 가운데 72곳이 폐업했고, 슈퍼마켓 이외에 대형 마트에서 파는 물품과 겹치는 물건을 팔던 작은 가게까지 합치면 총 200여 곳이 문을 닫은 것으로 드러났어요.

홈플러스 청주점 5킬로미터 안 폐점 업체 수

	슈퍼마켓	건강미용식품	정수기연수기	문구점	컴퓨터 전문매장	가공식품도매	미곡상	편의점
2009.6	337	55	117	107	70	51	44	104
2012.2	265	28	96	86	52	35	31	94
폐점수	72	27	21	21	18	16	13	10
폐점율	21.4	49.1	17.9	19.6	25.7	31.4	29.5	9.6

(단위: 개, 오픈메이트 조사)

이러한 현상은 청주 지역만의 문제는 아니에요. 아래는 지난 2002년부터 2008년까지 전통 시장과 대형 마트의 매출액을 비교한 그래프입니다. 보다시피 전통 시장의 매출액은 꾸준히 줄어든 반면, 대형 마트의 매출은 꾸준히 늘어나고 있지요.

게다가 대형 마트는 대도시보다 중형 도시나 비수도권에서 더 큰 성장률을 보이고 있어요. 2002년부터 2008년까지 6년 동안 경북 231.7, 전남 192.7, 강원 147.3, 경남 128.5 퍼센트 등 전체적으로 100

재래시장과 대형 마트의 매출액 비교

연도	전통 시장 매출액	대형 마트 매출액
2002	41.5	17.4
2003	36.0	19.5
2004	35.2	21.5
2005	32.7	23.5
2006	29.8	25.4
2007	26.7	28.9
2008	25.9	30.7

(단위: 조 원, 중소기업중앙회 등 제공)

퍼센트 이상 수직 상승했지요.[5] 재래시장과 중소 상인 중심으로 거래가 활발하던 지역이 오히려 대형 마트 입점으로 더 큰 피해를 보고 있는 것입니다. 이런 상황이 계속되면 중소 규모 상점이 문을 닫게 되겠지요. 대형 마트 하나가 생기면 주변 가게 150개가 사라진다고 해요. 그러니 전국적으로 현재 대형 마트의 수를 약 400개로 잡으면 약 6만 개의 작은 가게가 이미 사라졌거나 사라지는 중이라는 말이지요.

　대형 마트만큼 전통 시장과 중소 상인에게 위협을 주는 존재가 또 있어요. 바로 기업형 슈퍼마켓이에요. 롯데슈퍼, 홈플러스익스프레스, GS슈퍼마켓 같은 기업형 슈퍼마켓은 대형 마트보다 훨씬 작은 규모로 매장을 낼 수 있지요. 이들은 골목에 있는 일반 슈퍼마켓과 직접 경쟁을 하게 되지요. 중소기업중앙회가 2009년 7월 전국 54개 기업형 슈퍼마켓 인근에서 장사하는 중소 매장 226곳을 조사한 결과, 10곳 가운데 4곳이 6개월 이상 버티기 힘들다고 대답했습니다. 매출액은 30퍼센트 정도 줄었고, 앞으로 장사하기가 더 힘들어질 것이라고 상인의 87퍼센트가 답했다고 해요. 기업형 슈퍼마켓은 매일 각 가정의 우편함에 전단지를 끼워 넣는 홍보를 비롯해 70~90퍼센트에 이르는 가격 할인, 원플러스원, 사은품과 포인트 제공 등 공격적인 마케팅을 하는데, 일반 중소 매장은 이를 흉내조차 내기 어려운 것이 현실이지요. 한마디로 골목에 있는 작은 슈퍼마켓이 막대한 자본력과 유통망을 갖춘 대기업과 경쟁하는 꼴이에요.

대형 마트의 습격

 사람들은 싸고 편리하다는 이유로 대형 마트나 기업형 슈퍼마켓을 즐겨 찾곤 합니다. 필요한 물건을 한곳에서 모두 살 수 있고, 자동차를 타고 다니기 편해서지요. 하지만 대형 마트는 편리함 속에 감춰진 문제점도 많아요.

 2010년, 청주에서는 대형 마트가 그 지역에 어느 정도 기여하는지를 평가했어요. 청주 지역 대형 마트 여섯 곳의 2010년 매출액은 약 4,800억 원이었지요. 그러나 대형 마트가 지역에 내는 지방세는 한 해에 약 12억 6천만 원밖에 되지 않았어요. 전체 매출액의 0.33퍼센트, 쉽게 말해 1,000원을 벌면 지역에 세금으로 내는 돈이 3.3원밖에 되지 않는 것이지요. 그만큼 지역에 돌아가는 혜택이 적다는 말이에요.[6]

 그렇다면 전통 시장이나 골목 상권은 어떨까요? 동네 시장의 채소 가게 아주머니는 채소를 팔아 번 돈으로 쌀과 식료품을 사고, 쌀집 아저씨와 식료품 가게 아저씨는 가게에서 번 돈으로 아이들에게 필요한 책을 사요. 서점 아저씨는 책을 팔아 번 돈을 은행에 저축하고, 은행은 다시 그 돈을 지역의 중소기업에 대출해 주지요. 중소기업은 대출 받은 돈으로 제품을 만들어 팔고, 남은 이윤으로 은행 이자를 내겠지요. 그리고 남은 돈으로 지역에서 고용한 직원들 월급을 줍니다. 직원들은 월급을 받아 채소 가게, 쌀가게, 식료품 가게에서 물건을 삽니다. 이러한 활동이 지역 경제를 순환시키는 중요한 역할을 하는 것이지요.

 하지만 대형 마트는 지역에서 벌어들인 수입의 대부분을 서울에 있는 본사로 보내고 있습니다. 수입 관리를 본사에서 하는 것이지요. 대형 마트가 번 돈을 지역 은행에 맡기면 그 지역은 막대한 투자 자금을 갖게 되는 거예요. 그러나 대형 마트는 지역 주민들의 소비로 얻은 지역 자금을 모두 밖으로 가져가고 있지요. 이렇게 되면 지역의 투자 자금이 줄고 지역 중소기업이 은행에서 대출 받을 돈이 줄어들어 중소기업 경영이 어려워지지요. 그러면 중소기업에서 일하는 직원들 월급을 올려주기가 힘들어지겠지요. 이처럼 지역 주민들이 대형 마트에서 쓴 돈이 다시 지역으로 돌아오지 않기 때문에 장기적으로 지역 경제에 나쁜 영향을 줄 수밖에 없어요.

대형 마트는 운영 방식에도 문제가 있습니다. 대형 마트는 할인, 원 플러스원, 최저가 행사 들을 통해 일 년 내내 싼 가격으로 소비자를 불러 모으고 있어요. 대형 마트에서 파는 물건은 어느 한 공장에서 만든 것이 아니라 수많은 중소기업이 만든 것들이지요. 그러니 연일 계속되는 가격 전쟁으로 피해를 보는 것은 대형 마트에 물건을 납품하는 중소기업들이에요. 중소기업들은 대형 마트로부터 싼 값에 물건을 납품하라는 압력을 받아. 최근 뉴스를 보면, 대형 마트에 물건을 납품하는 중소기업의 27퍼센트가 납품 가격을 낮추라는 압력을 받은 것으로 나타났어요. 중소기업이 대형 마트에 제품을 싸게 납품하면 결국 중소기업의 이윤이 줄고, 그 피해는 고스란히 중소기업 직원들에게 돌아갈 수밖에 없습니다.

또 일자리 문제도 생겨요. 대형 마트는 매장이 넓고 상품이 많은 만큼 일자리가 많이 필요해요. 일자리가 많은 만큼 고용도 늘겠지요. 2007년 연구 결과에 따르면 대형 마트 한곳의 고용 인원은 평균 315

명이에요.[7] 하지만 대형 마트 한 개가 들어설 경우 상인 1천 명 이상이 일자리를 잃는 것으로 나타났어요. 고용이 한 명 늘어나는 대신 3.17명이 일자리를 잃는다면, 겉으로 보기에 일자리가 늘어나는 것 같아도 지역 경제 전체로는 손해를 보는 것이지요.

대형 마트에 맞서 싸우다

이처럼 대형 마트가 상권을 독식하는 것에 대한 비판이 커지면서 문제를 해결하기 위한 다양한 방법이 나오고 있어요. 대형 마트 입점 반대, 영업시간 제한, 의무 휴업일 지정 들이지요. 그리고 이런 사항들을 다루는 유통산업발전법을 개정해야 한다는 목소리도 높아지고 있어요.

2012년 10월 22일에 홈플러스, 이마트, 롯데마트 사장들이 한자리에 모였습니다. 이 자리에는 지식경제부 장관도 참석했지요. 그리고 전국상인연합회, 한국슈퍼마켓조합연합회 등 중소 규모로 가게를 운영하는 대표들도 자리를 함께했어요. 이 모임이 바로 '대·중소 유통 상생 협력 간담회'였지요. 최근 서울 마포나 청주처럼 대형 마트와 중소 상인이 상생할 수 있는 방법을 찾자는 요구가 거세진 만큼 그 방법을 논의해 보자는 자리였지요. 이 자리에서 지속적인 상생과 협력을 모색하기 위한 유통산업발전협의회를 구성하자는 제안이 나왔어요. 그리고 2012년 11월 15일 유통산업발전협의회 1차 회의가 열리고, 그 회의에서 다음과 같은 내용이 결정되었어요.

• 2015년까지 인구 30만 미만 도시에 대형 마트의 신규 출점을 자제한다.
• 기업형 슈퍼마켓은 인구 10만 미만 도시에서 스스로 출점을 억제한다.
• 지자체와 협의를 통해 대형 마트와 기업형 슈퍼마켓 4사는 한 달에 이틀의 의무 휴업을 실시한다.

그리고 그 결정에 따라 2012년 12월 12일 수요일에 전국 1,216개 대형 마트와 기업형 슈퍼마켓이 모두 문을 닫았어요. 지자체와 협의가 마무리되기 전까지 우선 전국적으로 둘째, 넷째 수요일에 자율 휴무를 실시하기로 하고 처음 시행한 날이었지요. 뒤이어 2013년 새해 첫날에는 유통산업발전법 개정안이 국회를 통과했습니다. 그동안 대형 마트의 영업시간과 영업 제한을 두고 갑론을박을 벌였던 국회는 대형 마트의 영업 제한 시간을 '오후 10시~오전 10시'에서 '자정~오전 10시'까지로 2시간 단축하고, '일요일을 포함한 공휴일에 월 2회' 의무 휴업을 하기로 결정했어요. 평일 휴무가 공휴일 휴무로 바뀐 것은 환영할 만한 소식이었어요. 하지만 영업 제한 시간이 2시간 준 것과 여전히 입점을 제한할 수 있는 법적 조치가 취해지지 않은 점은 중소 상인들에게 실망스러운 결정이었지요.

한국뿐 아니라 해외에서도 대형 마트 입점에 따라 생기는 부작용을 최소화하고 지역 중소 상인들과 상생하기 위해 여러 가지 노력을 하고 있어요.

영국의 고두밍은 크고 작은 상점이 고풍스러운 건물과 함께 어우러진 거리로 유명한 곳이에요. 2012년 7월 영국의 대형 유통업체인 테스코는 공공 주택 용지를 사서 고두밍에 테스코메트로스토어를 열겠다는 계획을 발표했습니다. 그러자 지역 주민들이 바로 반대하고 나섰어요. 이유는 공공 주택 용지가 교통이 혼잡한 지역에 있어 테스코가 들어설 경우 교통 혼잡이 걱정된다는 것이었어요. 주민들은 또 테스코 때문에 지역의 작은 가게들이 사라지지 않을까 염려했어요. 그렇게 되면 주민들이 아끼는 거리의 모습도 사라지고 말 테니까요. 주민들은 테스코 입점 계획에 반대하는 청원서를 제출했어요. 청원서에는 지역 주민 5천 명이 서명했어요.

2012년 10월 27일에 테스코 입점에 반대하는 수백 명과 단체들이 항의 행진을 벌였어요. 테스코가 들어서면 없어질지도 모르는 지역 상점의 상인들이 앞장섰지요. 지역 하원의원과 보건부 장관이 주재한 공청회에서도 공공 주택 용지를 대형 마트로 전환하려는 테스코의 계획에 항의가 잇따랐지요.

뒤늦게 테스코를 대표해 공청회에 참석한 티모시와 피타르는 주민들에게 테스코와 다른 상점은 공존할 수 있다고 주장했어요. 지역 주민들이 사는 곳과 가까운 장소에 대형 마트가 들어서면 걷거나 자전거를 이용하는 사람들이 늘어 오히려 교통 문제가 줄어들 것이라고도 했지요. 그러나 그는 주민들을 설득하지 못했습니다. 왜냐하면 고두밍에서 1.6킬로미터 떨어진 밀포드의 테스코익스프레스 주변이 늘 주차와 교통 혼잡 문제를 겪는다는 것을 주민들은 알고 있었으니까요. 고두밍 지역의 상인과 주민들은 지금도 테스코에 맞서 싸움을 계속하고 있답니다.

캐시몹 운동 포스터. 동네 작은 가게를 이용해 시장을 살리자는 뜻에서 12월 17일 토요일 오후 2시에 뉴욕 익스프레스 피자 앞에서 현금을 들고 모이자는 내용이다.

　미국에서는 대형 마트에 반대해 소비자 스스로 벌이는 캐시몹 운동이 활발합니다. 캐시몹은 현금을 뜻하는 '캐시cash'와 무리를 뜻하는 '몹mob'의 합성어로, 대형 마트보다는 지역의 작은 가게를 이용하자는 운동이에요.

　예를 들어 누군가 트위터에 동네 작은 장난감 가게에서 번개 모임을 하자는 글을 올리면, 동네 주민들이 현금을 들고 그 가게로 몰려가 깜짝 쇼핑을 하는 거예요. 지역 주민끼리 직접 만나 동네 가게에서 소비를 하자는 것이지요. 특히 현금을 가지고 모이는 이유는 신용카드가 생활화된 미국에서 가게의 수수료 부담을 조금이라도 덜어 주기 위한 배려예요. 이러한 캐시몹 운동은 현재 미국 전역과 캐나다, 영국 등으로 퍼져 나가고 있어요. 우리나라에서도 전주 남부시장, 서울 남문시장, 경주 외동장에서 비슷한 형태의 행사가 진행된 적이 있지요.

　또한 해외에서는 대형 마트에 대한 규제도 엄격합니다. 미국의 월마트는 독일에서 영업을 하다가 공정거래법 위반으로 벌금을 받기도 했어요. 월마트가 벌인 '미끼 상품 전략'이 독일 법을 위반했다는 이

2012년 5월 19일, 한국에서 처음 시도된 서울 남문시장 캐시몹 포스터. 50여 명의 청년들이 특명 '시장 반찬으로 점심 도시락 만들기', '소중한 사람에게 줄 선물 고르기' 등을 마치고 SNS에 인증 사진을 올렸다.

유였지요. 미끼 상품 전략이란 일부 상품을 원가 이하나 일반 판매가 이하로 팔아서 고객을 끌어모으는 것이에요. 월마트가 낮은 가격으로 상품을 파니까 독일의 다른 대형 유통업체들도 덩달아 가격을 내리기 시작했어요. 그 결과 중소 규모 가게들이 큰 손해를 입었어요. 상황이 심각해지자 독일 정부가 월마트에 거액의 벌금을 물린 것이지요.

대형 마트와 지역사회가 함께 사는 방법

많은 기업들이 본사가 있는 곳이 아닌 다른 지역에 공장을 세우거나 사무실을 열어요. 그러면 공장이나 사무실이 들어선 지역은 경제적인 이득을 보게 되지요. 특히 공장이나 사무실 근처에서 장사를 하는 주민들이 많은 이익을 보겠지요. 그래서 큰 공장 주변에는 식당을 비롯한 큰 규모의 상가가 많이 세워집니다. 이것이 지역사회 전체의 경제 성장으로 이어지기 때문에 지방자치단체는 앞장서서 기업을 유치하려고 경쟁합니다.

그러나 대형 마트는 다릅니다. 대형 마트는 한꺼번에 많은 물품을 사들여 자사 물류 센터로 보낸 뒤 다시 전국 매장으로 물건을 보내는 방식을 쓰고 있어요. 이 때문에 소비자들은 다른 지역에서 생산된 물품을 자기 동네 대형 마트에서 쉽게 살 수 있지요. 하지만 대형 마트는 지역 경제에 도움을 주지 못해요. 예를 들어 다른 지역에서 생산된 배추가 우리 동네 대형 마트에 들어오면 우리 지역에서 배추를 생산하는 농가와 전통 시장, 중소 상인들이 타격을 입을 수밖에 없어요. 소비자 입장에서는 대형 마트에서 싼 가격에 제품을 살 수 있으니 좋아 보이지만, 장기적으로 보면 지역 농가나 가게의 수익이 줄어 지역 전체의 경제 성장률이 떨어지게 되지요. 더구나 대형 마트 때문에 문을 닫는 가게가 늘어나면 지역 전체의 실업률이 늘고, 대형 마트가 벌어들인 돈이 서울 본사로 보내지면 지역의 투자금이 줄어들게 됩니다.

많은 지방자치단체가 자기 지역에 큰 기업을 유치하기 위해 열을 올리면서도 대형 마트 입점은 꺼리는 이유가 바로 여기에 있어요. 따라서 대형 마트는 지역사회와 공존하기 위해 노력해야 합니다. 그러지 않으면 지역에 도움은커녕 오히려 피해를 입히는 기업으로 인식돼 지역사회의 외면을 받을 수밖에 없을 거예요.

대형 마트, 경제민주화의 상징이 되다

요즘 뉴스에서 '경제민주화'라는 용어를 자주 들을 수 있지요? 경제민주화란 쉽게 말해 소득이 지나치게 한쪽으로 치우치는 것을 막고 재분배를 통해 서로 함께 사는 방법을 찾는 것이라고 할 수 있어요. 그런데 경제민주화라는 말이 나올 때마다 단골로 따라오는 말이 바로 대형 마트와 골목 상권 살리기입니다. 왜 그럴까요?

대형 마트가 입점하면 피해를 보는 사람들은 대부분 자영업자들이에요. 자영업자란 자기 가게를 가지고 돈을 버는 사람들인데, 이들은 보통 직장인보다 평균 소득이 낮은 것으로 조사되고 있어요. 한국보건사회연구원이 발표한 〈자영업자의 가구 소득 및 가계 지출 보고서〉에 따르면 자영업자의 가구 소득은 월평균 3,467,000원으로 근로자 가구 소득 평균 4,199,000원에 비해 70만 원가량 적고 전체 가구 소득 평균인 3,842,000원에 비해서도 낮아요. 평균 소득도 낮은데 대형 마트까지 들어서면 대형 마트 둘레 중소 상인들의 생계는 더욱 어려워질 수밖에 없겠지요.

실제로 대형 마트가 들어서면 중소 상인들의 소득은 30퍼센트 정도 줄어든다고 해요. 대형 마트의 영업이익 증가가 고스란히 중소 상인들의 영업이익 감소로 이어지는 것이지요. 이처럼 대형 마트 입점 문제는 소득이 대형 마트로 편중되는 것을 막고, 어떻게 하면 중소 상인들에게 재분배될 수 있을까를 고민한다는 점에서 경제민주화의 대표 사례가 되는 셈이에요.

우리나라 헌법 제119조에는 이런 내용이 실려 있어요. '① 대한민국의 경제 질서는 개인과 기업의 경제상의 자유와 창의를 존중함을 기본으로 한다. ② 국가는 균형 있는 국민경제의 성장 및 안정과 적정한 소득의 분배를 유지하고, 시장의 지배와 경제력의 남용을 방지하며, 경제 주체간의 조화를 통한 경제의 민주화를 위하여 경제에 관한 규제와 조정을 할 수 있다.' 이 조항에 따르면 경제민주화를 이루는 수단은 바로 규제와 조정이에요. 규제와 조정은 국가와 공공 기관이 할 수 있는 일이지요. 대형 마트의 영업시간을 제한하고 의무 휴일을 지정하는 등 유통산업발전법을 개정한 것도 이런 규제와 조정 차원에서 이루어진 것이에요. 나라와 법의 역할이 이렇게 중요해요.

유통산업발전법이 개정되면서 대형 마트는 연 10퍼센트 정도 이익이 감소할 것으로 예측하고 있어요. 줄어든 이익이 지역 상인들의 수익으로 이어지면 자연스럽게 소득재분배 효과가 나타날 것이고, 대형 마트와 지역 상인들이 함께 사는 출발점이 되겠지요.

그러나 유통산업발전법이 개정되었다고 해도 여전히 남은 과제들이 있어요. 우선 지역에서 생산된 물품을 더 많이 사야 하고, 지역의 돈이 다른 지역으로 빠져나가는 것을 막아야 하겠지요. 지나친 대형 마트의 입점을 규제해 지역 주민의 일자리를 지켜야 하고요. 또한 지속적으로 소비자들이 중소 상점을 찾을 수 있도록 지원하는 방안도 마련해야겠지요. 이는 앞으로 지방자치단체와 지역 주민, 그리고 대형 마트가 양보와 합의를 바탕으로 해결해야 합니다.

ISO26000은 지역사회 구성원들이 서로 다른, 때로는 충돌하는 이해관계를 가질 수도 있으나, 지역사회의 안녕을 위해 공통의 목표와 책임을 공유할 필요가 있다고 권고하고 있어요. 이에 따르면 지방자치단체는 지역주민의 삶의 질을 높일 책임이 있고, 대형 마트는 지역 구성원으로서 지역 발전에 기여할 책임이 있는 거예요. 앞으로 대형 마트와 지역사회가 '상생'이라는 공통의 목표를 가지고 각자에게 주어진 책임을 다한다면 한국 경제민주화의 성공 모델이 되지 않을까요?

유리 벽과 유리 천장 속 여성 노동자
월마트

'항상 낮은 가격으로 모시겠습니다.'

24시간 내내 영업을 하는 월마트 매장 한쪽에 걸린 커다란 문구가 눈길을 끈다. 루시는 출근 카드를 찍자마자 밝은 파란색 조끼를 걸치고 곧장 의류 매장으로 향했다. 여성복 매장에서 베티와 인사를 나눴고, 특별히 할 일이 있는지 물었다. 베티는 평소처럼 하면 된다고 너그럽게 말해 주었다. 베티는 나이가 쉰 살쯤 된 중년 여성으로 여성복 매장의 매니저였다. 여자 관리자가 좋은 점은 대놓고 명령을 하지 않는다는 점이다. 쉰 살쯤 된 여자들은 부탁하는 어조로 아랫사람을 부드럽게 다룰 줄 안다. 하지만 하이드는 달랐다. 여성복 매장뿐 아니라 아동복과 남성복, 란제리 매장까지 의류 매장 전체를 관리하는 그는 걸핏하면 으름장을 놓았고 자신의 권위를 과시하려는 사람처럼 보였다.

첫 출근 날, 직원회의에서 10분이 넘도록 출석을 확인하느라 시간을 허비한 그는 매장 한쪽에 일렬로 서 있는 직원들을 둘러보며 이렇게 말했다.

"내가 가장 싫어하는 게 뭔지 압니까?"

직원들은 일을 시작하기도 전에 지친 표정이었다. 그러나 그는 아랑곳없이 목소리를 높였다.

"잡담하는 것. 내가 가장 싫어하는 건 잡담입니다. 잡담은 여러분의

피 같은 시간을 낭비하는 나쁜 습관이며, 월마트의 매출을 깎아 먹는 좀도둑입니다. 명심하십시오. 잡담은 안 됩니다."

루시는 그 이후로 가능하면 하이드와 마주치지 않는 동선으로 매장을 돌았다. 마주쳐서 이득이 될 게 없는 사람이었다. 물론 정신없이 일을 하다 보면 그의 존재 따위는 금세 잊어버리곤 하지만 말이다.

루시가 하는 일은 고객이 어지럽힌 제품을 끊임없이 제자리에 돌려놓는 것이다. 전문적인 지식이 필요한 일도 아니고 실수를 한다고 해서 크게 표가 나는 일도 아니었다. 하지만 옷을 옷걸이에서 내려 몸에 대보고, 뒤집어 놓고, 아무 데나 걸쳐 놓는 고객들은 어디에나 있기 때문에 계속 몸을 움직이지 않으면 안 되는 일이기도 했다.

특히 오늘은 고객이 가장 붐비는 토요일이고, 근무시간이 바뀌고 나서 처음 출근하는 날이라 약간 긴장이 되었다. 루시는 며칠 전에야 오전 10시부터 근무하는 조에서 오후 2시부터 근무하는 조로 바뀐 것을 알았다. 그 사실을 알려 주는 사람이 아무도 없었기에 휴게실 게시판에 공지된 일정표를 보고서야 알았다. 하이드는 일주일에 한 번 있는 쉬는 날이나 근무시간 변경에 대해 미리 알려 주는 법이 없었다. 원하는 날짜에 쉬고 싶거나 주간 근무 조에 들고 싶으면 하이드에게 잘 보이는 수밖에 없는데, 그러고 싶지는 않았다. 덕분에 근무시간이 8시간에서 9시간으로 한 시간 늘어났다. 근무시간이 늘었다고 해서 급여가 오르는 것은 아니다. 저녁 한 시간은 급여 없는 시간으로, 식사 시간 30분을 빼더라도 꼬박 30분을 추가로 서 있어야 했다.

오후 2시. 출근하자마자 루시를 반긴 것은 옷이 가득 담긴 카트 세

대였다. 손님들이 탈의실에서 입어 보고 반납한 옷들이 카트에 수북이 담겨 있었다. 그 옷들을 제자리에 가져다 놓는 일이 가장 먼저 해야 할 일이다. 주말 오후 시간대는 쇼핑객들이 넘쳐났다. 카트에 담긴 옷을 제자리에 돌려놓고 나서 매장을 정리하려고 보니 한숨이 절로 나왔다. 여성복 매장은 갱단의 습격이라도 받은 듯 진열대와 바닥에 옷이 널려 있었다. 이런 상황에서 할 수 있는 일은 그저 닥치는 대로 해치우는 것뿐이다. 구부리고, 줍고, 들어올리고, 옷걸이에 걸고, 카트를 끌고, 이 진열대에서 저 진열대로 옮겨 다니는 일의 무한 반복. 고객의 카트가 루시의 카트를 들이받기도 하고, 그 사이에서 아이들은 정신없이 날뛰었다.

　오후 6시가 넘어가니 피곤이 몰려왔다. 일단 어딘가에 앉고 싶은 생각이 간절했다. 고객이 흩뜨려 놓은 옷가지를 줍고 제자리에 돌려놓기 위해 카트를 밀고 다니다 보면 발바닥이 욱신욱신 아파온다. 휴식은 근무시간 중에 딱 두 번, 15분씩 주어진다. 휴식을 취할 때도 근무카드를 찍어야 한다. 휴식 시간 앞뒤로 몇 분씩 더 쓰지 못하게 하기 위한 월마트의 방침이었다. 루시는 재빨리 화장실에 다녀온 다음 매장 옆 울타리가 쳐진 공간에서 바람을 쏘였다. 다만 몇 분이라도 앉을 수 있는 게 다행이었다.

　휴식 시간이 끝나갈 무렵, 루시는 아들 데이비드의 담임 선생님과 면담 시간을 잡지 않았다는 것을 깨달았다. 다음 주에 면담을 하려면 미리 전화를 했어야 하는데, 이미 휴식 시간이 끝나가고 있었다. 루시는 매장으로 돌아오면서 하이드가 담임 선생님 면담을 정당한 결근 사유로 인정해 줄지 벌써부터 걱정이 되었다. 월마트의 결근 정책은

깐깐하기로 유명하다. 결근이 필요한 종업원들은 본사에 전화해서 사정을 이야기한 다음, 자기가 속한 점포 매니저의 처분을 기다려야 했다. 급여는 또 어찌나 짠지. 월세와 보험료가 비싼 미국에서 월마트에서 일하면서 생활을 이어가는 것은 녹록치 않은 일이었다. 월마트는 쥐어짤 수 있을 만큼 모두 쥐어짜서 가격을 낮추는 것으로 이윤을 얻는 기업이었다. 루시가 받는 시간당 9달러의 급여는 월세를 내고 아이들 보험 들기에도 모자란 수준이었다. 생각에 빠져 있는 루시에게 옆 매장의 엠마가 다가왔다.

"오늘 근무시간 바뀌어서 힘들진 않았어?"

"그럭저럭 견딜 만했어. 그런데 엠마, 당신은 시간당 9달러 받고 어떻게 살아?"

엠마는 별소리를 다한다는 듯이 루시를 쳐다보았다. 그녀는 밤새워 일하고 아기가 낮잠을 잘 때 잠깐 눈을 붙였다가 다시 매장으로 나오는 생활을 몇 년째 해오고 있었다. 물론 남편과 맞벌이를 하니 루시보다 경제적인 여유는 있는 편이었다. 엠마는 짐짓 밝은 목소리로 말했다.

"그래도 여기서 일한 지 2년이 넘으니까 시간당 9.75달러로 급료가 오르던데? 그러니 참고 기다려 봐."

루시를 격려하던 엠마가 갑자기 옷걸이 사이로 재빠르게 몸을 숨겼다. 루시가 '왜?' 하고 입 모양으로 물었다.

"하이드야. 이쪽으로 오고 있어."

엠마가 소리 죽여 말하며 루시를 옷걸이 안쪽으로 바짝 잡아당겼다. 두 사람은 하이드가 지나가기를 기다렸다 들키지 않도록 오리걸음으로 각자의 매장에 돌아갔다. 루시와 엠마는 직원 중에서도 나무랄 데 없이 열심히 일하는 축에 속했다. 하지만 스포츠 용품 매장을 돌아 걸어가고 있는 스물여섯 살짜리 남자 매니저에게는 눈에 띄지 않는 게 상책이었다. 별것 아닌 일에도 트집을 잡는 매장 관리자에게 걸려 봐야 좋을 게 없으니까. 루시는 왠지 그 사실이 서글펐다.

월마트에 다니는 여직원들은 자신보다 한참 어리고 경력도 짧은 남자 직원이 더 빨리 승진하는 것을 수도 없이 보아왔다. 13년 동안 월마트에서 일한 여직원 베티 듀크도 3년 동안 계산원으로 일한 다음에야 고객 서비스 관리직에 오를 수 있었는데, 그 자리는 남성 직원이라면 수습 기간 90일도 채우지 않고 승진할 수 있는 자리였다. 월마트에서 여자들은 승진도 잘 되지 않고 기회도 적었다. 관리자 모집도 공개적으로 하지 않았다. 어느 날 매니저가 와서 어깨를 툭툭 치면 승진시켜 주겠다는 의미였다. 그런 간택을 받는 사람들은 주로 매니저와 친한 남자들이었다. 심지어 남자 직원의 자리를 만들어 주기 위해 해고당한 여자 마케팅 매니저도 있었다.

월마트에서는 같은 일을 해도 남녀에 따라 임금이 달랐다. 계산원 중에는 남성이 매우 적었는데, 그들은 여성 계산원보다 높은 임금을 받았다. 여직원들이 일을 더 잘하고 경력이 오래됐어도 그랬다. 루시도 마찬가지였다. 우연한 기회에 스포츠 매장에서 일하는 남성 동료의 월급 명세서를 본 루시는 그때서야 자신이 차별 받고 있다는 사실을 알았다. 루시는 왜 같은 일을 하고도 월급이 다른지 불만을 털어놓았다. 그러자 남자들은 당연하다는 듯 말했다.

"우리는 부양할 가족이 있잖아."

루시는 그 말에 더욱 기가 찼다. 루시 역시 혼자서 열두 살짜리 아들을 키우느라 매장 업무 외에 다른 일을 더 알아봐야 할 처지였다.

관리자들은 직원회의 때마다 여직원들에게 사기를 잃지 말라고, 고객에게 더 친절하라고 독려하면서 정작 직원들 사기를 충전시켜 줄 만한 지원은 하지 않았다. 월마트는 이미 입사해서 일하는 사람들의 대우에는 관심이 없는 것 같았다. 그저 새로운 사람을 뽑는 데만 혈안이 돼 있었다. 덕분에 날마다 십여 명의 사람들이 월마트에 예비 교육을 받으러 왔고, 불평하는 종업원이 있으면 언제든지 다른 사람으로 대체되었다.

밤 10시가 넘어가자 손님들이 눈에 띄게 줄었다. 루시는 한적한 틈을 타 잠시 매장을 둘러보았다. 그때 여성복 매장의 전신 거울에 낯익은 여자의 모습이 비쳤다. 뭔가에 집중하느라 찡그린 얼굴로 진열대 뒤에 서 있는 여자는 메마르고 지쳐 보였다. 거대한 마트의 건조하고 밀도 높은 공기에 압사 당할 듯 서 있는 여자가 누구인지 알아차리는 데는 그리 오랜 시간이 걸리지 않았다. 루시는 거울에 비친 자신의 모습을 물끄러미 바라보았다. 한때는 사랑하는 남자와 오붓한 가정을 꿈꿨던 그녀의 인생에 이제 카트가 있을 뿐이었다. 카트를 채우고, 비우고, 다시 채우고 비우는 일의 연속. 루시는 초과근무 수당도 없이 공평한 대접도 받지 못한 채 이 거대한 시스템 안에서 시간당 9달러에 자신의 인생을 팔고 있었다.

* 바버라 에런라이크가 쓴 《노동의 배신》(최희봉 옮김, 부키 펴냄)을 참고했습니다.

우리는 항상 싸게 판다

　주말이면 대형 마트에서 카트를 끌고 다니며 장을 보는 가족들을 흔히 볼 수 있습니다. 대형 마트는 물건이 싸고 시설이 잘 되어 있어서 가족 단위로 쇼핑하며 시간을 보내기에 좋은 곳이지요. 이러한 대형 마트의 대부라고 할 수 있는 곳이 바로 월마트예요. 우리나라에선 국내 대형 마트에 밀려 힘을 못 쓰고 있지만, 월마트는 전 세계 27개 나라에서 매주 2억 명 이상이 방문하는 세계 최대 규모의 유통 기업입니다. 2012년에 4,439억 달러(약 476조 원)의 매출을 올렸고, 이곳에서 일하는 노동자만도 자그마치 220만 명에 달해요. 한 해 매출로만 봐도 우리나라 2012년 예산인 325조 원보다 더 많을 정도니 얼마나 큰 기업인지 짐작이 가지요?

　월마트는 다른 대형 마트들과 달리 대도시에 먼저 진출하지 않았어요. 1962년 미국 아칸소 주의 작은 도시인 로저스에 연 매장이 월마트의 시작이었지요. 보통 대형 마트는 인구가 많은 큰 도시에서 먼저 문을 여는 경우가 많은데, 월마트는 2만 5천에서 5만 명 사이의 작은 도시 변두리에 매장을 열었어요. 변두리에 매장을 열더라도 다양한 제품을 갖추고 싸게 팔면 인근 마을 주민들까지 몰려올 거라고 예상한 거지요. 이 예상은 적중했어요. 월마트는 변두리에 진출해 세력을 확장한 다음 그 구역 주변에 여러 점포를 세워 점차 시장을 장악해 나갔어요. 이런 전략으로 별다른 광고를 하지 않았음에도 입소문만으로 고객을 끌어모을 수 있었어요.[8]

　월마트의 슬로건은 '우리는 항상 싸게 판다'입니다. 가격을 낮추면

1962년 7월 2일, 샘 월튼은 미국의 작은 도시 로저스에 월마트 1호점을 열었다. '우리는 항상 싸게 판다'는 슬로건을 내건 월마트는 1998년 7월 한국에 진출했으나, 2006년 5월에 신세계에 넘어갔다.

물건 하나당 이윤은 줄어들지만, 싼 만큼 더 많은 제품을 팔면 총 이윤은 늘어나지요. 월마트는 이처럼 싸게 많이 팔아서 이윤을 남기는 '박리다매薄利多賣'의 원리를 사업 철학으로 삼았어요. 월마트의 성공 전략은 아주 단순했답니다.

월마트는 물건을 싼값으로 팔기 위해 물류 관리에 누구보다 과감한 투자를 했어요. 매장 금전등록기부터 임직원 컴퓨터, 그리고 제품을 공급하는 업체에도 일찌감치 대규모 정보시스템을 구축했지요. 1983년에는 월마트 본부와 매장, 그리고 배송 센터 사이에 더욱 신속하고 정확한 정보 교류가 이뤄질 수 있도록 인공위성을 쏘아 올리기도 했어요. 이런 투자 덕분에 월마트는 미국 국방부 다음가는 세계 최고 수준의 전산망을 보유하고 있다는 평가를 받기도 했지요. 그렇게 해서 월마트는 미국에서 수십 년간 선두를 지켜온 시어즈와 페니를 제치고 단시간에 최대 규모의 소매 유통 기업으로 성장했어요. 지금은 미국에만 4천여 개, 전 세계에 1만 개가 넘는 점포를 운영하는 거대 기업입니다.

물론 월마트의 비약적인 성장에 따른 논란도 적지 않아요. 월마트가 진출하면서 도시의 작은 상점들이 문을 닫았고, 가격을 더 낮추기 위해 월마트가 납품업체에 무리한 요구를 하기도 했어요. 또 월마트는 임금이나 복지가 매우 열악해요. 게다가 노조 설립을 인정하지 않아요.

2000년대에 들어와서는 임금이나 승진에서 여성을 차별하고 있다는 성차별 소송이 제기되었어요. 이는 160만 명의 여성 노동자를 대표해서 제기된 세계 최대 규모의 성차별 소송이었지요. 이 소송으로 월마트는 인권 침해 논란의 중심에 서게 되었습니다.

세계 최대 규모의 성차별 소송

54세의 여성 베티 듀크는 미국 캘리포니아 주 피츠버그에 있는 월마트에서 계산원으로 일했어요. 그녀는 같은 계산원으로 일하던 남성 노동자가 자기보다 더 많은 임금을 받고 승진 기회도 더 많은 것은 엄연한 성차별이라고 호소했어요. 6년간 일하면서 좋은 성과도 냈지만, 같은 일을 하는 남성 노동자에 비해 임금과 승진에서 불이익을 받았다는 것이었지요. 승진에서 여러 차례 탈락한 베티 듀크는 월마트에 근무하는 다른 여성 노동자들도 승진에서 누락되거나 좌천되는 등 불이익을 당한다는 사실을 알게 되었어요. 월마트 안에서 자기만이 아니라 대부분의 여성이 차별을 받고 있다는 사실을 알아차린 거예요.

2001년 6월, 베티 듀크를 포함한 6명의 노동자가 월마트에 집단소송을 제기했어요. 집단소송은 여러 명의 피해자 가운데 그 집단을 대표한 사람이 소송을 제기하는 대신, 판결의 효력은 피해자 전체에 미치도록 하는 제도예요. 소송을 한 여성 노동자들은, 미국 월마트에 근무하는 수많은 여성 노동자가 월마트로부터 차별을 받았다고 판단했기에 이들을 대표해서 집단소송을 제기한 것이지요. 이들은 먼저 월마트가 승진이나 업무, 임금과 교육 훈련 등에서 여성을 차별했다고 주장했어요. 여성을 차별하는 오랜 관행은 바뀌어야 하고, 차별로 인해 훨씬 낮은 임금을 받는 여성 노동자들을 구제해야 한다고 했지요.

여성 노동자들은 그 근거로 몇 가지 자료를 제시했어요. 월마트가 1996년부터 2002년까지 제출한 고용 현황 자료를 분석해[9] 보니 여성 노동자가 남성 노동자에 비해 관리자로 승진하는 데 더 긴 시간이 걸리는 것으로 나타났어요. 입사 뒤 관리자로 승진하기까지 여성은 평균 10.1년이 걸리는데, 남성은 8.6년이 걸렸지요. 모든 직급에서 평균적으로 여성이 남성보다 오래 근무하는데도 남성이 승진하는 데 걸리는 기간이 더 짧았어요. 또 계산원 업무를 하는 여성 노동자 비율은 92퍼센트인데, 여성 매장 관리자는 고작 14퍼센트밖에 안 되었어요. 다른 대형 마트와 비교해도 월마트의 여성 관리자 비율이 더 낮았어요. 미국에서 가장 큰 20개 마트의 여성 관리자 비율이 월마트보다 20퍼센트 정도 더 높게 나타났지요.

임금도 공정하게 지불되지 않았어요. 월마트 여성 노동자는 남성 노동자보다 한 해 동안 평균 5,200달러 정도 임금이 적었어요. 고용 형태나 직급별로도 남녀 사이에 임금 차이가 있었는데, 시간제 노동자의 경우, 여성 노동자가 남성 노동자에 비해 한 해 동안 약 1,100달러 정도 적게 받는 것으로 나타났어요(남성은 시간당 9.55달러, 여성은 9.26달러). 월급제로 근무하는 노동자도 마찬가지였지요. 관리 업무의 경우, 여성 노동자는 남성 노동자에 비해 한 해 동안 무려 14,500달러나 덜 받고 일을 했어요. 뿐만 아니라 남성 노동자는 성과와 상관없이 5~15퍼센트의 추가 급여를 받기도 했고요. 이처럼 남성이 여성보다 임금을 더 많이 받는 건 미국 어느 월마트에서나 마찬가지였어요. 41개 지역의 월마트 가운데 여성이 남성보다 임금을 더 받는 지역은 단 한 군데도 없었답니다.

 이에 대해 월마트는 결코 여성을 차별하지 않았다면서 통계 자료를 하나하나 반박했어요. 1997년 '월마트의 다양성 보고서'에서 여성 계산원 노동자의 비율은 92퍼센트가 아니라 63.4퍼센트이고, 매니저는 14퍼센트가 아니라 32.4퍼센트가 여성이라고 밝혔지요. 또 미국 고용평등위원회의 자료를 바탕으로 미국 전체 소매 유통 기업의 여성 관리자 비율이 38.6퍼센트인 것과 비교해도 월마트의 여성 관리자 비율이 낮지 않다고 반박했습니다. 월마트가 다른 기업에 비해 여성을 승진에서 차별하는 것은 아니라는 말이지요.

 월마트의 반박에 노동자 쪽은 여성 노동자 120명의 진술서를 제출했어요. 그들은 진술서를 통해 남성 상급자들이 평소에 하는 말에서 월마트의 성차별 관행을 읽을 수 있다고 했지요. 여성 노동자들은 남성 상급자에게 다음과 같은 말을 들었다고 진술했어요.

"마트와 같은 상품 소매업은 힘든 일이어서 여성에게 적합하지 않아요.""남자들은 가족을 부양해야 하니까 더 많은 임금을 받는 게 당연합니다.""신은 아담을 먼저 만들었으니 여자는 늘 남자 다음이죠.""소매업은 용돈 벌이하는 주부에게 딱 맞는 일이죠."

그밖에도 "승진하고 싶으면 예쁘게 차려 입으라"는 소리를 들은 여성 노동자도 있었어요. 여성 관리자들은 미팅이나 회식 때 성인 클럽 등에 갈 것을 강요받기도 했고요. 또 고위 간부들은 매장에서 근무하는 여성 노동자를 '소녀'나 '재니 큐Janie Qs'로 불렀지요. 이는 여성 노동자를 비하하고 모욕하는 발언이었어요. 여성 노동자들은 이런 이유를 들어 월마트가 여성을 그저 집단의 일부로 볼 뿐, 하나의 인격체로 대우하지 않는다고 주장했어요.

하지만 여전히 월마트는 결코 여성을 차별하지 않았다고 했어요. 오히려 차별 금지 정책을 시행하는 등 성 평등을 위해 노력하고 있다고 맞받았습니다. 그리고 월마트의 인사 결정권은 온전히 지역 관리자들의 재량에 속하기 때문에 전체 매장에 걸친 여성 차별적 인사 평가 방식은 있을 수 없다고 강조했어요. 또 월마트에서 일하는 160만 명의 여성 노동자 전체가 직장 안에서 똑같이 성차별을 받았다고 볼 수 없다면서 성차별 주장은 소송을 제기한 일부 여성 노동자들의 지나친 억측이라고 몰아붙였지요.

이에 대해 여성 노동자 측은 월마트에 다양한 인력 구성을 위한 정책(다양성 정책)이 있기는 하지만 실제로는 그다지 효과가 없고, 이를 잘 아는 이사회조차 고치려 하지 않는다고 주장했어요. 나아가 월마트가 여성 차별뿐 아니라 특정 인종의 채용을 꺼리는 인종차별도 하

2001년 6월, 미국 월마트에서 일하던 베티 듀크를 포함한 노동자 6명은 보수 및 승진, 그리고 고용 등에서 성차별을 받았다며 집단소송을 제기했다. 듀크는 이 소송에서 월마트에 근무했거나 근무 중인 여직원 모두를 대변할 것이라 했고, 따라서 원고의 수는 잠재적으로 약 160만 명에 이를 것으로 추산했다. 이는 미국 역사상 최대의 집단소송이었으나, 연방대법원은 집단소송이 진행될 요건을 갖추지 못했다는 이유로 기각했다.

고 있다고 강조했어요. 이를테면 미국 트럭 운전사의 14퍼센트가 흑인인데, 월마트의 흑인 직원은 3퍼센트에 불과하다는 것이었지요.

월마트와 여성 노동자들의 공방은 소송을 제기한 지 2년이 지난 2003년 4월, 샌프란시스코 지방법원의 판결에 따라 여성 노동자들에게 좀 더 유리해지는 듯했어요. 지방법원은 이 소송이 집단소송의 요건을 갖췄다고 판결했지요. 그리고 1998년 12월 26일 이후로 미국 내 월마트에서 일했던 모든 여성 노동자가 구제 대상이라고 밝혔어요. 그 인원은 자그마치 160만 명에 달했어요. 6명이 제기한 집단소송의 결과에 따라 160만 명의 여성 노동자가 성차별을 이유로 보상을 받을 수 있는 길이 열린 거예요. 이는 역사상 가장 큰 규모의 소송으로, 만약 여성 노동자들이 승소하면 월마트는 약 100억 달러, 우리 돈으로 10조 원이 넘는 돈을 지불해야 할 위기에 처하게 된 것입니다.

인정할 수 없는 월마트의 승리

위기에 처한 월마트는 소송에 적극 대응하는 한편, 소송 제기 뒤 여성 관리자를 늘리기 위해 꾸준히 노력하고 있다고 호소했어요. 실제로 2005년 여성 관리자 비율은 38.8퍼센트에 달했고, 2011년에는 41.3퍼센트까지 늘어났지요. 이외에도 월마트는 홈페이지에 '월마트의 진실'란을 개설해 성차별 소송은 물론 월마트와 관련한 논란에 대해 적극 해명했어요. 월마트가 평등한 고용으로 수많은 상을 받은 사실을 대대적으로 홍보하면서 월마트가 결코 성차별을 하지 않았다고 주장했지요.

  2001년에 시작된 월마트 성차별 소송은 항소에 항소를 거듭해 10년이 지난 2011년 6월 20일에야 일단락되었어요. 결과는 월마트의 승리였습니다. 미국 연방대법원은 이 소송이 집단소송의 요건을 갖추지 못했다고 판결했어요. 집단소송이 되기 위해서 갖추어야 할 요건 가운데 '공통성'이 부족하다는 이유였지요. 즉, 여성 노동자들이 주장한 대로 임금이나 승진에서 남성 노동자와 차이를 나타내는 자료가 있는 것은 사실이지만, 월마트에 근무하는 모든 여성 노동자가 성차별을 받았다고 보기는 어렵다는 것이었지요. 말하자면 이 소송이 미국 전역의 월마트 문제를 반영한다고 보기는 어렵다는 것이었어요.

  또 미국 연방대법원은 월마트가 각 지역 관리자의 재량에 따라 인사를 했으므로 월마트 전체에서 차별적인 평가 방식이 있다고 보기는 어렵다고 했어요. 그리고 월마트는 차별 금지 정책을 공표하고 있고, 이에 반하는 차별 정책을 시행한 증거를 찾을 수가 없다고 결론 내렸지요. 소송을 제기한 여성 노동자들은 각 지역 관리자의 재량에 인사를 맡겼기 때문에 오히려 주관적이고 차별적인 인사 결정이 가능했다고 반박했지만, 연방대법원은 단지 관리자에게 맡겼다는 사실만으로 월마트가 차별 정책을 시행했다고 볼 수는 없다고 했어요.[10]

  연방대법원은 여성 노동자들이 제출한 증거도 인정하지 않았어요. 통계에서 드러난 남녀 간의 승진 차이가 반드시 성별 때문이라고 볼 수 없다는 게 이유였지요. 말하자면 승진 기간의 차이는 성별이 아닌 다른 원인 때문일 수도 있다는 것이었어요. 또한 연방대법원은 월마트 여성 노동자들의 진술서도 인정하지 않았어요. 120명의 진술서는 불과 12,500명당 한 명의 사례에 불과하고, 전체 3,400개 가운데 235개 매장에만 해당하는 것이어서 여성 노동자 전체를 대변하기에는 대표성이 부족하다는 이유였지요.

이러한 이유로 결국 다수 의견을 차지한 월마트가 승소하기는 했지만, 소수 의견은 달랐어요. 소수 의견을 낸 판사들은 여성 노동자들이 제시한 통계는 다른 요인으로는 설명할 수 없는 성차별에 의한 차별이 명백하다고 판단했습니다. 그리고 여성 노동자들이 밝힌 대로 월마트에는 성차별적인 기업 문화가 팽배했고, 월마트가 각 지역의 관리자에게 명확한 기준 없이 무한한 재량권을 준 바람에 남성 관리자들이 차별적 기업 문화에 영향을 받아 인사 결정을 내렸다는 사실을 인정했어요.

싸움은 끝나지 않았다

성차별 논란에 휩싸였던 월마트는 소송이 시작된 뒤 10여 년 동안 조금씩 여성 노동자의 고용과 승진 정책을 고쳐 나갔어요. 여성 관리자 비율을 늘렸고 여성들에게 핵심 직책을 맡기기 시작했지요. 2012년 2월에는 흑인 여성을 최고경영자CEO로 임명했는데, 이는 월마트 역사상 두 번째 여성 최고경영자였어요. 이제는 조직 운영 전반을 책임지는 운영책임자COO도, 정보시스템의 운영을 맡은 정보관리책임자CIO도 여성이지요. 여성 임원 비율도 늘었습니다. 미국 월마트의 경우 임원의 20퍼센트가 여성이고, 영국 월마트는 임원의 절반이 여성이에요. 인도, 캐나다, 중국, 일본의 월마트도 임원의 약 30퍼센트를 여성이 차지하고 있지요. 전체적으로 여성 임원 비율은 28.2퍼센트로 4명 중 1명 이상이 여성입니다.[11]

성차별과 더불어 인종차별 논란도 겪었던 월마트는 이제 유색인종 인사에도 신경을 쓰고 있어요. 2011년에만 4명의 유색인종 직원을 부사장으로 승진시켰고, 부사장급 이상 임원의 유색인종 비율도 2009년 8.7퍼센트에서 2011년 16.1퍼센트로 늘렸지요. 유색인종 관리자도 늘었는데, 지난 5년간 지역(시장) 관리자market manager는 86퍼센트, 매장 관리자store manager는 52퍼센트, 매장 공동관리자co-manager는 165퍼센트 늘어났어요.[12]

이처럼 월마트는 여성 인력을 활용하기 위해 적극 노력하고 있어요. 비록 패소하기는 했지만 성차별 소송이 월마트를 변화시킨 것이지요. 한쪽에서는 월마트가 그동안 여성 노동자를 남성 노동자와 동등하게 대우하기 위해 엄청난 노력을 기울인 덕분에 세계 최대의 성차별 소송에서 승소할 수 있었다고 말하기도 해요. 어쨌든 월마트는 변화를 위해 노력한 덕분에 약 100억 달러의 배상을 물 수도 있는 소송에서 가까스로 이길 수 있었답니다.

10년 동안 계속된 소송은 일단 마무리되었어요. 승소한 월마트는 겨우 한숨을 돌렸지요. 하지만, 연방대법원의 판결은 전국적으로 집단소송이 불가능하다는 판결일 뿐 월마트가 여성 노동자를 차별했는지에 대해서는 판단하지 않았어요. 160만 명 여성 노동자의 집단소송은 인정하지 않았지만, 월마트의 성차별에 대해 노동자 개개인은 얼마든지 소송을 제기할 수 있다는 말이지요. 이에 따라 이미 지역별,

매장별 소규모 집단소송이 준비되고 있어요. 월마트와 여성 노동자 사이의 성차별에 대한 법적 분쟁이 새롭게 시작되고 있는 것입니다.

유리 장벽을 넘어 차별 없는 기업으로

세계 인구의 절반은 여성이지만, 그동안 여성은 남성과 동등한 대우를 받지 못했어요. 그래서 많은 나라들이 법과 제도를 정비해 여성을 차별할 수 없도록, 여성의 권리를 존중하고 남성과 동등하게 대우하도록 하고 있습니다. 이런 노력 덕분에 겉으로 보이는 여성 차별은 많이 줄었어요. 하지만 눈에 보이지 않는 여성 차별은 여전합니다.

직장 안에서 여성의 승진을 가로막는 보이지 않는 장벽을 '유리 천장Glass Ceiling'이라고 해요. 이는 한국뿐 아니라 세계 모든 나라에서 나타나는 현상이지요. 전체 취업자 중 여성이 차지하는 비율에 비해 전체 관리자 중 여성이 차지하는 비율이 현저히 낮은 것은 이 때문이에요. 그중에서도 한국은 그 정도가 심해서 여성 관리자 비율이 전체의 10퍼센트에 불과해요. 이는 경제협력개발기구OECD 평균인 32.1퍼센트의 삼분의 일을 밑도는 수준이지요.

여성이라는 이유로 승진을 막는 게 유리 천장이라면, 업무에서 여성과 남성을 분리하는 것을 '유리 벽Glass Wall'이라고 해요. 업무 지원이나 보조 등 핵심적이지 않은 부서에 여성을 배치해 직장 안에 보이지 않는 벽을 만드는 것이지요. 이렇게 되면 여성의 일자리가 핵심 업무에서 벗어나니 자연히 승진 가능성도 적어질 수밖에 없겠지요.

직장에서 여성에게 작용하는 유리 천장과 유리 벽은 실제로는 눈에 잘 보이지 않아요. 많은 기업이 차별금지 정책을 시행함에도 여성 차별적 관행과 문화는 여전히 남아 있는 것처럼요. 소매업처럼 힘든 일은 여성에게 적합하지 않다거나 남성 노동자는 가족을 부양해야 하기 때문에 더 많은 임금을 받아야 한다는 월마트 남성 관리자들의 발언에서 알 수 있듯이 아직도 많은 직장에 여성을 차별하는 인식이 깔려 있어요.

이 같은 눈에 보이지 않는 여성 차별을 없애려면 기업이 적극적으로 나서서 관행을 바꿔 나가야 해요. 기업이 남성 노동자와 여성 노동자를 어떻게 대하는지 분석하고 의사 결정 방식에 선입견이 개입되지는 않은지 잘 따져 봐야 하지요. 필요하다면 인권 단체의 도움을 받아서 여성 차별 요소를 없애야 합니다.

최근 해외 기업들은 여성을 비롯한 장애인이나 성적 소수자, 유색 인종 등 사회적 약자를 배려하는 조치를 적극 펼치고 있어요. 다양성 위원회를 설치해 보호받지 못하는 집단을 위한 정책을 세우고, 일정 비율 이상의 사회적 약자를 승진시키는 등 구체적인 목표를 세워 다양성을 확보하려고 하지요. 하지만 한국은 아직 다른 선진국에 비해 기업에서 여성의 지위가 많이 낮은 편이에요. 앞서 말했듯 여성 관리자 비율은 10퍼센트, 여성 임원은 1~2퍼센트에 지나지 않아요. 여성 임원 비율이 유럽이 평균 12퍼센트, 미국이 평균 15퍼센트 수준인 것을 감안하면 아직 차별 요소가 많은 것이지요.[13] 이제 한국 기업들도 기업 안의 여성 차별 관행을 바꿔 나가기 위해 보다 적극적인 노력을 기울여야 할 것입니다.

하청 공장의 노동 착취,
누구의 책임일까?
나이키

"다녀오겠습니다."

에이미는 부엌 쪽을 향해 씩씩하게 외치고는 현관으로 달려 나갔다. 빨간색 스니커즈를 서둘러 꿰어 신은 열두 살 소녀는 신발장에서 나이키 운동화를 꺼냈다. 군데군데 해지고 색 바랜 운동화는 몇 년 전 공립학교 입학 선물로 받은 것이다. 나이키 운동화에 레깅스, 품이 큰 후드티를 줄기차게 입고 다니던 여자아이는 이제 스니커즈와 미니스커트를 좋아하는 소녀가 되었다. 에이미는 운동화를 재빨리 신발주머니에 집어넣고 거리로 나섰다.

에이미가 사는 뉴욕 주 브롱크스는 흑인과 히스패닉이 모여 사는 빈민가로 사건 사고가 끊이지 않는 곳이었다. 에이미는 다른 아이들과 마찬가지로 학교가 끝나면 에덴왈드건 힐 사회복지관에 다녔다. 사회복지사인 마이크 기텔슨 선생님은 지나치다 싶을 만큼 정의감이 강한 사람이었는데, 얼마 전에는 복지관에 모인 아이들에게 다큐멘터리 하나를 보여 주었다.

다큐멘터리 영상은 바느질을 하는 작은 손으로부터 시작했다. 한 소년이 굳은살이 박힌 손으로 축구공을 꿰매고 있는데, 축구공에는 날렵하고 친근한 스우시 로고가 박혀 있었다. 기텔슨 선생님은 축구공이 완벽한 구를 이루기 위해서는 서른두 개의 축구공 조각을 100퍼센트 손으로 바느질해야 한다고 말했다. 그러려면 축구공 하나에 자

파키스탄에 사는 열두 살 소년 타릭이 웅크리고 앉아서 축구공을 꿰매고 있다. 이 사진으로 나이키의 비윤리적인 아동노동이 세상 밖으로 알려지게 되었다.

그마치 1,620번의 손바느질이 필요하다고도 했다.

허름한 집안에 웅크리고 앉아 축구공을 꿰매는 아이는 파키스탄 시알콧 지방에 사는 타릭이었다. 타릭은 에이미와 같은 나이였지만 하루 일과는 에이미와 전혀 달랐다. 에이미가 지루한 수업을 졸음을 참고 듣는 동안 타릭은 고사리 같은 손으로 축구공을 꿰맸다. 학교에 가고 싶어도 갈 수가 없었다. 그렇게 하루 종일 축구공을 만든 대가로 고작 60센트를 받는다고 했다. 기텔슨 선생님은 복지관 아이들을 둘러보며 이렇게 말했다.

"너희들이 그렇게 갖고 싶어 하는 나이키 운동화는 또 어떻고? 나이키 운동화는 인도네시아 아이들이 주로 만드는데, 그 애들은 하루 종일 고생해서 일한 대가로 고작 2달러를 받아. 그걸 나이키 사가 단돈 5달러에 사들인 다음, 너희들한테 100~180달러에 파는 거지."

아이들은 믿을 수 없다는 듯 서로를 쳐다보았다. 세상에, 그동안 우리는 5달러밖에 안 되는 신발을 100달러나 주고 산 거야?

"말도 안 돼. 엄청난 바가지잖아요."

농구를 좋아해서 에어조던 운동화를 시리즈별로 가지고 있는 케빈이 소리쳤다.

"그래. 그렇게 바가지를 쓰고도 너희들이 나이키를 계속 사면 어떤 일이 벌어지겠니?"

선생님이 되묻자 케빈은 어깨를 으쓱했다.

"너희 부모님이 왜 그렇게 일자리 구하기가 힘든 줄 아니? 나이키 같은 회사가 생산 단가를 낮추려고 노동력이 싼 해외로 빠져나갔기 때문이야. 미국에서 나이키 같은 회사 때문에 가장 피해를 입는 건 너희 부모들인데, 너희는 나이키라면 사족을 못 쓰지. 나이키가 아무리 비싸도 어떻게든 그걸 사잖아. 부모님은 사 줄 형편도 안 되는데 말이야. 너희들이 그 비싼 운동화를 신고 있는 걸 보면 선생님은 울화통이 터진다."

에이미는 뜨끔했다. 에이미의 아빠도 어려운 형편에 무리해서 어린 딸의 소원을 들어준 거였다.

복지관 아이들에게 나이키는 단순한 스포츠 브랜드가 아니었다. 나이키는 지저분한 게토 거리의 농구장과 브롱크스, 콤프턴의 열두세 살 흑인 청소년들에게 유니폼이나 다름없었다. 에이미도 우정의 표시로 친한 여자애들과 나이키 티셔츠를 색깔별로 맞춰 입은 적이 있었다. 아이들은 대부분 텔레비전 광고를 지루해 했지만, 나이키 광고만은 예외였다. 빠르고 리듬감 넘치는 나이키 광고에 열광했다. 특히 광고 마지막에 나오는 'just do it(그냥 한번 해 봐)'이라는 문구가 마음에 들었다. 언젠가는 자신들도 마이클 조던이나 타이거 우즈처럼 될 수 있을 거라는 희망이, 나이키 운동화에는 있었다.

그런 나이키가 지구 반대편에선 어린아이들을 혹사시켜 제품을 만들고 있다니. 아이들은 배신감을 느꼈다. 자기네 편이라고 믿었던 나이키가 다른 나라에서 저지르고 있는 정의롭지 못한 행동에 분통이 터졌다. 에이미는 어떤 식으로든 목소리를 내고 싶었다. 그래서 복지관 친구들과 함께 나이키에 항의 편지를 쓰기로 했다.

"필 나이트 회장님, 저는 브롱크스에 사는 에이미라고 해요. 우리가 나이키 운동화를 사는 데 1년에 얼마를 쓰는지 아세요? 우리는 나이키 운동화를 100달러를 주고 사요. 그런데 운동화 하나 만드는 데 고작 5달러밖에 안 든다면서요? 그 말을 듣고 속은 기분이 들었어요. 우리가 생각하기에, 운동화 가격으로 30달러 정도면 적당할 것 같아요. 그러니 나머지 70달러는 돌려 주세요."

복지관 아이들은 각자의 이름으로 편지를 써서 나이키 사에 보냈다. 100통이 넘는 편지를 보낸 아이들은 내심 나이키 사의 답장을 기다렸다. 천하의 나이키라도 주 고객인 자신들의 의견을 무시하지는 못할 거라고 기대했다. 하지만 나이키의 반응은 실망스러웠다. 나이키는 성의 없고 의례적인 답장을 보내왔다. 그것도 같은 내용을 복사해서 말이다. 아이들은 나이키의 태도에 화가 났다.

마침 미국 전역에서 나이키에 반대하는 운동이 확산되고 있었다. 도심에 있는 나이키 매장과 교외 쇼핑몰에서 반대 시위가 열린다는 소문이 들려왔다. 이름 하여 '나이키 국제 행동의 날'이었다. 1997년 10월 18일, 사상 최대 규모의 나이키 반대 시위가 총 13개국 85개 도시에서 열렸다. 사람들은 '나이키를 신느니 자루를 입겠다'는 글씨가 쓰인 삼베옷을 입고 거리를 활보했다. 눈에 달러 마크를 그린 거대한 필 나이트 회장 인형이 등장했고, 나이키가 어린아이들의 노동력을 착취하는 것을 비꼬기 위해 아이들은 3미터가 넘는 나이키 로고를 질질 끌고 다녔다.

이에 질세라 브롱크스의 청소년들도 나이키타운에 모이기로 했다. 아이들은 자신들의 목소리를 내야 한다며 벼르고 있었다. 복지관 아이들은 5번가와 57번가 나이키타운 앞에서 시위를 벌일 예정이었다. 에이미가 약속 장소에 도착했을 때 이미 뉴욕 인근 11개 시민회관에서 온 2백여 명의 청소년들이 쇼핑몰 앞에 삼삼오오 모여 있었다. 흑인 청소년들이 점점 모여들자 당황한 경비원들이 아이들을 주차장 밖으로 내쫓았다.

"가져왔어?"

절친 미샤가 에이미에게 물었다. 에이미는 활짝 웃으며 신발주머니를 흔들어 보였다. 이미 많은 아이들이 헌 운동화를 쓰레기봉투에 넣고 있었다. 다들 나이키에 중독된 아이들이라 신발장에 에어조던 하나쯤은 가지고 있었다. 에이미도 가져온 운동화를 재빨리 봉투에 집어넣었다. 투명한 쓰레기봉투에 한때 아이들의 보물 1호였던 나이키 운동화가 차곡차곡 쌓여 갔다. 시위가 무르익자 아이들은 야유와 함성을 지르기 시작했고, 몇몇 아이들이 나이키 운동화가 담긴 쓰레기봉투를 매장 경비원들 발 앞에 쏟아부었다. 냄새나는 운동화 수백 켤레가 매장 앞에 작은 언덕을 이뤘다.

호기심에 가득 찬 어른들이 모여들었고 지역 방송국뿐만 아니라

ABC 뉴스, 〈뉴욕 타임스〉에서 나온 기자들이 아이들의 모습을 카메라에 담았다. 카메라에 둘러싸인 아이들은 좀처럼 주목을 받아 본 적이 없는 빈민가 청소년들이었다. 하지만 그들은 어느 때보다 당당하고 자신만만했다. 왜냐하면 그들이 바로 나이키의 핵심 고객이었으니까.

나이키 반납 퍼포먼스를 마치고 5번가를 행진하던 에이미는 자신이 중요한 사람이 된 것 같은 기분이 들었다. 미국의 수백 개 인권 단체들도 해내지 못한 일을 브롱크스의 사춘기 청소년들이 해낸 것이다. 에이미는 폭스 텔레비전 카메라에 대고 이렇게 외쳤다.

"나이키! 우리가 널 만들었으니, 우리가 널 무너뜨릴 수도 있다는 걸 잊지 마!"

더 값싸게 제품을 만들 수 있는 곳으로

전 세계 청소년들이 하나쯤 가지고 싶어 하는 날렵한 스우시Swoosh 로고의 운동화를 만드는 기업 나이키. 나이키의 시작은 매우 소박했어요. 한때 육상 선수였던 필 나이트와 미국 오레건 대학의 육상 코치였던 빌 바우어만이 각각 5백 달러씩 투자해서 만든 블루리본스포츠Blue Ribbon Sports가 그 시작이었습니다. 1964년에 회사를 설립한 두 사람은 일본의 '오니쓰카타이거'라는 회사에서 만든 신발 2백 켤레를 미국에 들여와 트럭에 싣고 대학 운동장을 돌며 장사를 했어요.

나이키는 '최고의 선수를 위한 최고의 운동화를 만드는 회사'라는

나이키의 상표명과 로고는 아주 우연한 기회에 탄생했어요. 어느 날 아침 직원 한 명이 침대에서 일어나 '나이키(그리스어로 승리란 의미)'라고 외친 것이 세계 최대 스포츠 용품 회사의 브랜드가 된 것이다. 나이키 로고도 마찬가지. 포틀랜드 대학 시각디자인학과 학생 캐롤린 데이비슨은 파티에 입고 갈 드레스를 사기 위해 나이키 로고인 스우시를 만들었다. 나이키 로고를 만들고 받은 돈은 시간당 2달러. 17시간 일해서 35달러를 받고 만든 나이키 로고의 현재 가치는 수백억 달러가 넘는다.

목표를 가지고 만들었지만 첫해에는 매출액 8천 달러, 순이익 250달러의 작은 회사에 불과했어요. 그러나 40여 년이 지난 지금, 나이키는 매출액 241억 달러(약 26조 원)에, 순이익 22억 달러(약 2조 4천억 원), 노동자 수만 44,000명에 달하는 거대 기업으로 성장했지요. 1924년에 창립한 아디다스와 1895년에 창립한 리복(2006년 아디다스에서 인수)을 제치고 세계 최대의 스포츠 용품 기업으로 자리매김한 것이지요.

나이키 창립자인 필 나이트는 스탠퍼드 비즈니스 스쿨을 다니면서 사업을 구상했다고 해요. 그는 어떻게 하면 비용을 줄이면서 수익을 많이 낼 수 있을지 고민했어요. 그 결과, 본사에서는 디자인과 제품 개발, 마케팅과 판매만 하고 생산은 모두 아웃소싱(기업이 비용을 줄이고 서비스의 질을 높이기 위해 업무의 일부를 외부에 맡겨 처리하는 것)하는 경영 모델을 고안해냈어요. 당시 아디다스와 같은 선두 기업은 미국과 독일 등 비용이 많이 드는 나라에 공장을 세우고 직접 제품을 생산하고 있었어요. 하지만 나이키는 미국에서 직접 제품을 생산하는 대신에 값싸게 제품을 생산할 수 있는 해외로 눈을 돌렸습니다. 그리고 여기서 절약한 생산 비용을 혁신적인 디자인과 마케팅에 투자해 눈부신 성공을 거뒀습니다. 이는 지금까지도 나이키가 지키고 있는 핵심 전략이지요.

사정이 이러하다 보니 나이키는 제품을 싸게 만들 수 있는 나라를 찾는 것이 무엇보다 중요했어요. 처음에는 제품을 일본에서 생산하다가 1970~1980년대에는 한국과 대만으로 옮겼어요. 당시 한국은 신발 산업을 키우기 위해 나이키 같은 회사에 국가 차원의 다양한 혜택을 주었으므로 굉장히 매력적인 생산 거점이었습니다. 1982년에는 나이키 신발의 86퍼센트가 한국과 대만에서 생산될 정도였지요. 하지만 한국과 대만의 노동자들이 노동조합을 만들려 하고 임금을 올려 달라고 하자 나이키는 발 빠르게 새로운 생산지를 찾아 나섰습니다.

나이키는 인도네시아, 중국, 베트남 등 주로 제3세계 국가로 생산지를 옮겼습니다. 중국과 베트남은 최근까지 노동자를 보호하는 노동법이 부실했고, 노동자들이 독립적인 노동조합을 설립하는 게 법으로 금지되어 있었습니다. 인도네시아도 1998년까지 독재 정부 아래에서 노동조합을 만들 수 없었지요. 게다가 이들 나라는 값싼 노동력까지 풍부했으니 나이키로서는 더할 나위 없이 좋은 생산지였습니다.

나이키는 지금도 이런 방식으로 전 세계 47개 국가에 896개의 하청 공장을 두고 제품을 만들고 있습니다. 노동자 수는 자그마치 108만 명이 넘습니다. 미국에는 60여 개 하청 공장에서 7천여 명이 근무할 뿐 나머지는 대부분 중국과 베트남, 인도네시아 등 아시아 국가에서 제품을 만들고 있어요. 중국에만 35만 명의 하청 공장 노동자가 있고, 베트남에 30만 명, 인도네시아에 17만 명 등 나이키 전체 하청 공장 노동자 80퍼센트 이상이 이들 세 나라에 밀집해 있습니다(2012년 10월 기준).

착취의 대명사, 나이키

영리한 경영 전략을 바탕으로 꾸준히 성장하던 나이키에 큰 시련이 닥친 건 1990년대였습니다. 이 시기에 혁신적이고 창의적인 나이키 이미지가 착취의 대명사로 바뀌기 시작했어요. 이유는 1990년대에 일어난 여러 사건 때문이에요. 인도네시아의 저임금 문제, 캄보디아와 파키스탄에서의 아동노동 문제, 그리고 중국과 베트남의 형편없는 노동조건 문제가 사회적으로 널리 알려지게 된 것입니다. 이러한 문제들이 연달아 터지면서 나이키의 이미지는 급격하게 나빠졌어요.

그중에서도 〈라이프〉 1996년 6월호에 실린 사진 한 장은 나이키를 좋아하는 소비자들에게 큰 충격을 안겨 주었습니다. 파키스탄의 시알콧 지방에 사는 열두 살 소년 타릭이 나이키 마크가 선명하게 새겨진 축구공을 웅크리고 앉아서 꿰매는 사진이었지요. 이 사진은 나이키가 어린아이들을 혹사시켜 제품을 만드는 비윤리적인 기업이라는 사실을 드러냈습니다. 파키스탄 시알콧 지방은 전 세계 수제 축구공의 70퍼센트가 생산되는 곳이에요. 나이키 말고도 리복, 아디다스, 마이타 Mitre 등이 여기서 축구공을 만들고 있었지요. 나이키와 계약을 맺은 파키스탄의 사가스포츠는 〈라이프〉에 실린 사진처럼 가내수공업 형태로 축구공을 생산하지 않는다고 항변했지만, 나이키에 대한 사람들

1990년대 나이키 제품이 아동노동과 저임금, 그리고 열악한 노동환경에서 만들어진다는 사실이 알려졌다. 초기에 나이키는 이러한 문제들은 해당 국가와 하청 공장에서 자체적으로 해결할 문제라고 대응했다. 그러나 시민단체와 언론, 소비자들은 나이키가 제조 과정 전체에 사회적 책임을 다할 의무가 있다며 불매운동을 전개했고, 이 운동은 전 세계로 퍼져나갔다.

의 비난은 거세져만 갔습니다.

 다음 해인 1997년에는 베트남 공장에서 문제가 터졌어요. 베트남 공장 노동자들이 심각한 저임금에 시달릴 뿐 아니라, 화장실에 자주 갈까 봐 물을 두 잔 이상 못 마신다는 사실이 폭로된 거예요. 또 한국인이 운영하는 회사인 태광비나에서 기준치의 최고 177배에 달하는 유독 물질인 톨루엔이 검출됐다는 소식이 〈뉴욕 타임스〉에 보도되기도 했어요. 톨루엔이 피부나 심장에 다양한 질병을 일으킬 수 있는데도 노동자들은 어떠한 보호 장비도 없이 일해야 했습니다. 게다가 이 사건이 보도되기 전에 나이키는 태광비나에 사람을 보내 안전하다는 보고서를 작성해 발표하라고까지 했습니다. 이 사실이 밝혀지자 나이키는 이제 노동 착취 기업일 뿐 아니라 거짓말을 일삼는 기업이라는 비난까지 받게 되었어요. 이를 계기로 그전에 하청업체에서 벌어졌던 수많은 잘못된 관행까지 한꺼번에 언론에 터져 나왔지요.

 소비자들은 분노했어요. 자신들이 산 나이키 제품이 아동노동과 저임금, 그리고 열악한 노동환경에서 만들어진다는 사실을 이제야 안 것이지요. 분노는 곧 반대 운동으로 이어졌어요. 유럽과 미국, 캐나다, 오스트레일리아, 뉴질랜드 등 전 세계의 시민단체, 종교단체, 노조, 학생, 시민들이 나이키 반대 운동에 동참했지요. 전 세계적인 나이키 반대 운동이 일어난 거예요.

 이들은 먼저 나이키 하청 공장의 저임금과 열악한 노동환경을 널리 알렸어요. 나이키 하청 공장의 문제를 담은 팸플릿을 만들어 소비자들에게 직접 나눠 주거나 우편으로 발송했어요. 인터넷으로도 열심히 알렸고, 나이키 본사에 항의 편지 쓰기와 항의 전화 걸기 등의 운동도 벌였어요.

나이키에 반대하는 국제 행동의 날 행사도 열렸어요. 그 가운데 1997년 10월 18일에 열린 '나이키 국제 행동의 날'은 가장 규모가 컸어요. 13개 나라 85개 도시에서 동시다발로 열렸어요.

대학생들도 나이키 반대 운동에 빠지지 않았어요. 노동착취공장에 반대하는학생연합은 신발이나 의류의 판매 허가 기준에 제3세계 노동자의 노동조건도 포함할 것을 대학에 요구했어요. 어떤 나라에서 만들어졌고, 하청 공장 노동자의 임금은 얼마인지, 인권침해 조사가 가능한지 등을 기준으로 제시하고, 그 조건을 충족한 브랜드만 학교에서 물건을 팔 수 있도록 했어요. 그 밖에 나이키 본사가 있는 미국 오리건 주에서는 나이키의 자선 사업을 전면 거부하는 반대 운동이 일어났어요. 캐나다 앨버타 주 에드먼턴에서는 나이키 스포츠 장비 반납 운동이 일어났고요. 뉴욕 빈민가 흑인 청소년들은 값비싼 나이키 운동화를 모두 모아 뉴욕 맨해튼 나이키 매장에 반납하는 퍼포먼스를 펼치기도 했지요.[14]

나이키 하청 공장의 노동자들도 파업과 대규모 항의 집회를 개최하면서 나이키가 책임지고 나설 것을 촉구했어요. 1997년 4월에는 1만 명이 넘는 인도네시아 나이키 하청 공장 노동자들이 저임금과 임금 체불 등을 호소하며 파업에 나섰어요. 같은 달 1,300여 명의 베트남 하청 공장 노동자들도 시간당 임금을 올려 달라며 파업했지요. 1998년에는 중국 하청 공장 노동자 3,000여 명이 저임금과 위험한 작업환경을 고치라며 집단으로 항의하기도 했습니다.

미국 정부와 국제기구도 하청 공장의 문제를 개선하고자 발 벗고 나섰어요. 당시 미국 노동부장관 로버트 라이시는 미국이 수입하는 스포츠 용품의 경우 아동노동으로 만들지 않았다는 라벨을 부착해야 한다며 기업들을 압박했고, 미 의회 의원들도 아동노동으로 만들어진 모든 제품의 수입을 금지하는 방안을 찾고자 노력했어요. 국제축구연맹도 축구공 생산과정에서 꼭 지켜야 할 노동 강령을 제정했지요.

나이키의 노력, 그리고 남겨진 과제

사면초가에 빠진 나이키지만 처음에는 모든 문제를 하청 공장의 문제로만 인식하고 책임을 인정하지 않았습니다. 하청 공장 노동자들은 나이키의 직원이 아니기 때문에 어떤 책임도 질 필요가 없다고 발뺌한 것이지요. 그러나 이러한 태도는 아무 도움이 되지 않았고, 오히려 나이키를 더욱 곤경에 빠뜨렸어요. 나이키의 이미지가 곤두박질쳤고, 매출은 감소했지요. 순이익은 절반으로 줄고 급격하게 오르던 주가도 반 토막이 났어요. 그러자 1998년 5월 필 나이트 회장이 직접 기자회견을 열었습니다.

"나이키 제품은 노예노동, 강제적인 잔업, 그리고 노동 학대와 동일시되었습니다. 나는 미국 소비자들이 노동자가 혹사당하며 만든 제품을 사길 원하지 않는다고 믿습니다."

필 나이트 회장은 나이키의 하청 공장 관리와 인권, 노동 문제를 혁신적으로 바꾸겠다며 여섯 가지 약속을 했습니다.

첫째, 모든 신발 하청 공장은 미국의 산업 안전 보건 기준에 부합하도록 하겠습니다.

둘째, 하청 공장에서 일할 수 있는 최저 연령을 높이겠습니다(신발 공장 18세 이상, 의류 공장 16세 이상).

셋째, 비정부국제기구와 함께 하청 공장을 모니터링하고 그 결과를 공개하겠습니다.

넷째, 하청 공장 노동자들이 이용할 수 있도록 고등학교와 동등한 과정의 교육 프로그램을 확대해 나가겠습니다.

다섯째, 베트남, 인도네시아, 파키스탄, 태국의 4천여 가구에 도움을 주기 위해 소액 금융 대출을 확대해 나가겠습니다.

여섯째, 책임 있는 비즈니스를 연구하기 위해 대학에 투자하겠습니다.

나이키는 우선 여기저기 흩어져 있던 노동·환경 부서를 통합해 기업책임부를 새로 만들고, 그 아래 85명의 직원을 두었습니다. 이들은 매일 신발을 만드는 하청 공장을 방문해 실태를 조사하는 등 하청 공장의 노동과 환경을 감독했습니다. 의류를 만드는 하청 공장의 경우에는 관리자가 몇 주에서 몇 개월 동안 현지에 머물면서 조사를 진행했지요. 이 외에도 1천여 명의 제품 전문가를 두어 하청 공장이 규범을 잘 지키고 있는지 감독했어요. 이와 함께 나이키 직원 모두에게 나이키의 윤리 규범과 기업 시민 의식 등을 체계적으로 교육하는 등 문제를 해결하기 위해 여러 노력을 기울였습니다.

두 번째로 나이키는 하청 공장에 대한 모니터링을 강화했어요. 나이키에 납품하고자 하는 하청 공장은 나이키의 새로운 생산 지침을 준수해야 한다고 강조했지요. 안전, 건강, 경영자 태도, 인적 자원 투자, 환경 등 다섯 가지 부문에 대해 나이키가 1차로 평가한 다음, 2차로 외부 컨설팅 회사에 감사를 맡겼어요. 외부 컨설팅 회사는 하청업체의 임금 수준이나 잔업, 특근 정도, 법에서 허용한 혜택의 수혜 여부, 노동자의 연령 등을 세밀하게 조사했습니다. 그리고 그 결과에 따라 기준에 맞지 않는 하청업체와는 새로 계약을 맺지 않았습니다. 기존 하청 공장에도 이러한 기준을 적용해 주문 물량을 조정하는 등 제재를 가했습니다.

세 번째로 나이키는 하청 공장에 대한 실태를 정기적으로 조사하고 그 결과를 공개했습니다. 2005년에 발간한 〈사회 책임 보고서〉에서 나이키는 569개 하청 공장에 대한 감사 결과를 처음으로 발표했습니다. 그리고 전체 하청 공장의 25퍼센트에서 노동환경에 심각한 문제가 있다는 사실을 밝혔지요. 특히 동남아시아 공장의 25퍼센트 이상에서 신체나 언어 학대가 이루어지고 있다는 사실을 솔직하게 털어놓았어요. 이 지역 공장의 25~50퍼센트는 작업 도중 화장실을 못 가게 하고 물 마시는 것조차 금지하고 있다는 것, 지역 공장의 절반 이상은 노동시간이 주당 60시간을 넘고, 10퍼센트 이상의 공장에서 초과 근무를 거부할 경우 처벌을 받는다고 보고했어요. 법적 최저임금에도 못 미치는 임금을 받는 곳도 25퍼센트에 달했어요.[15]

마지막으로 나이키는 하청 공장의 기업 규범도 대대적으로 개편했어요. 사실 나이키는 이미 1992년에 기업 규범을 만들고 하청 공장에 이를 준수하도록 이행 각서를 받고 있었습니다. 그런데도 1996년 사건을 계기로 이러한 기업 규범이 제대로 지켜지지 않는다는 사실이 드러난 것이지요. 나이키는 기업 규범을 개편하는 한편, 모니터링과 감사 등을 통해 하청 공장이 규범을 잘 지키고 있는지 점검하고, 문제가 발견될 경우 교육 등을 통해서 고치려고 했습니다.

이처럼 착취의 대명사였던 나이키는 회장이 공개적으로 사과하고 잘못된 행동을 고쳐 나가면서 간신히 예전의 주가와 명예를 회복할 수 있었어요. 자칫하면 기업의 존립이 위험해질 수도 있는 상황에서 잘못을 인정하고 신속한 조치를 취함으로써 신뢰를 다시 회복할 수 있었던 것이지요.

하지만, 여전히 나이키 하청공장의 노동 인권 문제는 완전히 해소되지 않고 있습니다. 한편에서는 나이키가 여전히 홍보에만 열을 올릴 뿐 노동 인권 문제를 근본적으로 개선하지 않고 있다고 비판합니다. 1997년 나이키 반대 운동을 이끌었던 제프리 밸린저는 다음과 같이 이야기해요.

"제가 계산을 해 봤더니, 나이키가 하청 공장 노동자에게 신발 한 켤레 당 75센트를 주면 하청 공장의 저임금 문제를 해결할 수 있어요. 그렇게 하려면 나이키가 얼마나 더 많은 돈을 써야 하는지 아세요? 2억 1천만 달러예요. 나이키가 1년에 사회 책임 활동으로 1천만 달러 정도 쓰는 것에 비하면 엄청난 금액이죠. 나이키는 그래서 근본적으로 문제를 해결하기보다는 싸게 먹히는 사회 책임 활동을 하고 있는 거예요. 실제로 사회적 책임을 실천한다기보다 사회적 책임을 실천하는 것인 양 생색내는 것에 불과하지요. 순 엉터리에요."[16]

이에 대해 나이키는 하청 공장 문제는 해도 해도 끝이 없다고 항변

합니다. 아직까지 나이키뿐 아니라 어느 기업도 하청 공장 문제에 명확한 답을 내놓지 못한다는 것이지요. 또 나이키 하청 공장은 다른 공장에 비해 훨씬 상황이 좋은 편이라고 주장합니다. 나이키는 제3세계 국가에 나쁘지 않은 일자리를 제공하고 있고 그들에게 일자리가 없다면 더 잘살 수 있겠느냐고 반문하기도 하고요. 심지어 공장을 닫으면 그들이 어떻게 될 것인지, 과연 하청 공장 노동자를 진정으로 위하는 게 무엇인지 고민해야 한다고 목소리를 높이기도 합니다.

현명한 소비자가 책임 있는 기업을 만든다

여러분은 물건을 살 때 무엇을 중시하나요? 소비자들 대부분은 좋은 품질이나 세련된 디자인, 혁신적인 기능이나 저렴한 가격 등을 고려해서 제품을 살 거예요. 여기에 더해 그 제품이 어디서 왔는지, 어떻게 만들어졌는지를 고려하는 소비자도 있겠지요. 요즈음은 결과만이 아니라 과정까지도 눈여겨보는 눈 밝은 소비자들이 많아졌어요. 누구나 환경을 파괴하고 노동조합을 탄압하고 인권을 침해해서 만들어진 제품보다는 이왕이면 사회적 책임을 다해서 공정하게 만들어진 제품을 사고 싶어 할 거예요.

나이키는 나이키에 제품을 납품하는 전 세계 저개발국가에 있는 하청 공장 문제 때문에 오랫동안 소비자들에게 비난을 받아왔어요. 외부 공급업체의 아동노동, 저임금, 노동조합 탄압 등이 나이키를 최대 위기로 몰아간 것이지요. 하지만 소비자들은 나이키 하청 공장의 문

제를 단순히 하청 공장만의 잘못이라고 생각하지 않았습니다. 하청 공장의 열악한 상황은 외면한 채 그저 싼 곳을 찾아 생산 기지를 옮기며 이윤을 챙기는 나이키에 더 큰 책임이 있다고 본 것이지요. 또 수많은 하청 공장으로 이뤄진 거대한 비즈니스 네트워크의 중심에 나이키가 있고 나이키가 하청 공장에 막강한 영향력을 행사하는 만큼, 이에 대한 책임도 분명히 져야 한다고 본 것입니다. 최근 애플의 아이폰과 아이패드 등을 위탁 생산하는 중국의 폭스콘 노동자가 열악한 환경 때문에 연이어 자살하자, 소비자들이 애플에 책임을 묻고 있는 것처럼 말이지요.

　나이키 사건 이후로 기업들은 수많은 공급업체로 이뤄진 공급망을 잘 관리하지 않으면 기업이 어려워질 수도 있다는 사실을 알게 되었어요. 그래서 하청 공장을 포함한 공급업체에 대한 윤리 규정을 만들고 이를 잘 지키는지 주기적으로 점검하게 되었지요. 그저 값싸고 질 좋은 제품이라고 해서 무턱대고 사기보다는 그 제품이 어떤 과정을 거쳐 만들어졌는지 제대로 심사한 다음 사겠다는 것이지요. 예전에는 공급업체의 문제를 무시했다면, 이제는 이러한 문제가 발생하지 않도록 미리 예방하기 위해 노력하고 있는 것이죠.

　하지만 이러한 변화에도 불구하고 공급업체의 노동 인권 문제는 여전합니다. 나이키만 하더라도 2008년에 또 다시 동남아시아 공장의 노동 착취 문제가 오스트레일리아 방송에 보도되기도 했어요. 이런 이유로 일부에서는 지금과 같은 방식으로는 노동 인권 문제를 근본적으로 해결하기 어렵다고 주장하고 있어요. 낮은 비용으로 제품을 생산하고자 하는 현재의 아웃소싱 방식으로는 하청 공장의 저임금과 장

시간 노동 문제를 해결할 수 없다는 것이지요. 나이키 같은 회사가 하청 공장을 단순히 감시만 할 게 아니라, 기술을 지원하고 경제적인 보상을 충분히 해야 한다는 말이에요. 이제는 하청 공장이 지켜야 할 규범을 제시하고 모니터링과 감사를 실시하는 등의 예방적 접근을 넘어서, 하청 공장 스스로 노동 인권 문제를 해결할 수 있도록 대대적인 기술적·경제적 지원이 필요한 상황입니다.

아이디 하나로
움직이는 제국을 꿈꾸다
마이크로소프트

유람선이 터널을 빠져나가자 별안간 신천지가 펼쳐졌다. 즐비하게 늘어선 빌딩 숲에 'Welcome to the Big City'라는 네온사인이 현란하게 빛났다. 갑판으로 올라온 백여 명의 승객들이 저절로 탄성을 터뜨렸다. 준호는 빌딩 숲의 압도적인 규모에 놀라 자기도 모르게 삼촌의 팔을 붙잡았다. 여행 가이드북이나 웹 검색을 통해 상상한 것보다 훨씬 경이로운 광경이었다. 흡사 공상 과학 영화 속으로 들어온 것 같았다. 준호는 부랴부랴 가방에서 카메라를 꺼냈다. 중학교 마지막 여름방학을 여행으로 보내기로 한 것은 탁월한 결정이었다.

"보시는 오른쪽이 빅 시티, 왼쪽이 유니온 시티입니다."

승객들이 사진 찍는 소리와 탄성에 가이드의 설명이 묻혔다. 가이드의 손짓을 따라 바라본 빅 시티는 한 기업이 설립한 거대도시로 흡사 디즈니랜드를 연상시켰다. 시시각각 변하는 그래픽에 눈이 따가울 지경이었다. 반면 유니온 시티는 여러 기업들이 합작해서 세운 다양한 빌딩들이 어우러진 도시였다. 건물 하나하나가 살아 있는 생명체처럼 빛을 뿜어내는 것 또한 장관이었다. 두 도시 모두 지나치다 싶을 정도로 현란했고, 규모로 보아 서로 경쟁 관계임을 알 수 있었다.

"여러분은 이제 둘 중 한 곳을 선택해야 합니다. 어딜 고르든 여러분의 자유입니다."

가이드가 한 팔을 들어올렸다. 소매 끝에서 에메랄드빛 팔찌가 반짝거렸다.

"이것은 빅 시티 통행증입니다. 이 팔찌 하나면 빅 시티의 모든 시설을 이용할 수 있죠."

가이드의 손목에서 찰랑거리는 팔찌가 단번에 여행자들의 눈길을 사로잡았다. 단순하면서도 우아한 디자인이 과연 엄청난 자본과 기술을 바탕으로 세워진 빅 시티의 통행증다웠다.

"그리고 이건 유니온 시티의 통행증입니다."

가이드가 뒤춤에 감추었던 반대편 팔을 들어 올렸다. 손목에 꿰인 십여 개의 얇은 팔찌가 고스란히 드러났다. 모양도 제각각인 팔찌들은 가벼운 소재로 만들어졌지만 다소 거추장스러워 보였다.

"유니온 시티는 각 구역마다 통행증을 따로 발급받아야 합니다. 호기심이 왕성한 분이라면 아마 팔찌가 팔꿈치까지 필요할걸요."

가이드의 별 거 아닌 너스레에도 승객들이 웃음을 터뜨렸다.

가이드는 관광객들에게 두 도시를 설명한 팸플릿과 체류에 필요한 서류를 나눠 주었다. 서류에는 각종 규약이 깨알 같이 적혀 있었다. 삼촌은 서류를 받아들고 읽기 시작했다. 평소에도 삼촌은 규약집이나 설명서를 꼼꼼히 읽는 버릇이 있었다. 나중에 낭패를 당하지 않으려면 처음부터 내용을 제대로 숙지해야 한다는 것이 삼촌의 생각이었다. 하지만 삼촌이 서류를 훑어보고 있는 사이 갑판 위의 승객들은 눈에 띄게 줄어들었다. 일찌감치 마음을 정한 사람들은 각기 다른 도시로 향하는 보트에 나눠 타고 남은 승객들을 기다리고 있었다. 역시나 빅 시티행 보트에 탄 사람이 압도적으로 많았다. 반면 유니온 시티행 보트는 텅텅 비다시피 했다. 히피 스타일의 젊은이 몇 명과 노 부부한 쌍이 전부였다. 아마도 북적이는 장소가 싫어 그 배에 오른 것 같았다.

"여행할 곳을 정하셨습니까?"

가이드가 준호 일행에게 다가와서 물었다. 준호는 조급한 마음에 삼촌을 올려다보았다. 삼촌은 할 수 없다는 듯 서류를 내려놓았다. 약관을 꼼꼼히 읽는 승객은 거의 없었다. 사람들은 약관을 대략 훑어보거나 아예 관심을 두지 않은 채 서명했다. 삼촌이 서둘러 서명한 다음 준호에게 펜을 건넸다. 서명이 끝나자 둘은 승객이 북적이는 빅 시티행 보트에 옮겨 탔다.

빅 시티의 여행 일정은 숨 가쁘게 지나갔다. 기대했던 대로 빅 시티는 볼거리, 놀 거리, 먹을거리, 쇼핑거리가 넘쳐나는 곳이었다. 거리는 깨끗하고 질서정연했다. 풍족한 도시의 시민들은 구김살 없고 친절했다. 준호는 여행 가이드북에서 미리 정해 두었던 곳을 지치지도 않고 돌아다녔다. 고등학교에 들어가면 따로 시간을 내기가 어려우니 이참에 무리를 해서라도 많은 곳을 둘러보고 싶었다.

첫날은 세계 최대 규모의 판타지 테마파크에 들렀고, 태평양을 옮겨 놓은 듯한 아쿠아리움에도 다녀왔다. 가까운 미래를 체험할 수 있는 가상현실관과 고대 지구의 모습을 재현한 고대체험관은 기대 이상이었다. 하나같이 웅장한 규모와 현란한 볼거리를 제공했다. 정신없이 빅 시티를 탐험하다 보니 벌써 돌아갈 때가 다 되었다.

여행 마지막 날 준호는 삼촌과 함께 호텔 라운지에서 느긋하게 차를 마셨다. 빅 시티에서 보낸 시간들이 꿈만 같았다. 고개를 돌리자 빅 시티의 야경이 한눈에 들어왔다. 외벽 자체가 디스플레이로 이루어진 고층 건물에서 비현실적인 외모의 광고 모델들이 매혹적인 미소를 짓고 있었다. 그 뒤로는 노을에 물든 강위로 유람선이 떠 있고 저 멀리 유니온 시티가 어슴푸레하게 보였다. 삼촌은 유니온 시티에서는 구역을 이동할 때마다 길게 줄을 서고, 여권을 확인하고 매번 통행증을 새로 발급받아야 한다고 했다.

"빅 시티에 오길 잘한 것 같아요. 여기 온 덕에 기다리는 시간이 짧아서 많은 곳을 구경할 수 있었잖아요."

준호는 빅 시티 시스템이 마음에 들었다. 빅 시티에서는 팔찌 하나만 있으면 어디든 출입할 수 있었다. 팔찌의 아랫면을 리더기에 살짝 스치기만 하면 입장이 가능했다. 입장료가 있는 곳에선 팔찌의 윗면을 가져다 대면 즉시 정산이 이루어졌다. 그만큼 손쉬우니 현금 거래는 거의 이뤄지지 않았다. 다른 지역에서 진출한 기업들도 빅 시티에서는 통일된 규격의 리더기로 서비스를 하고 있었다.

"마음에 들었다니 다행이다. 하지만 빅 시티에선 통행 방식이 너무 간편해서 이동할 때마다 통행증을 제시하고 있다는 사실을 잊어버리곤 하지."

그러고 보니 준호도 그랬다. 어디를 가더라도 팔찌 하나만 있으면 통과되니 습관적으로 팔찌를 갖다 댔을 뿐 그때마다 개인 정보가 유출되고 있다는 사실을 까마득히 잊고 있었다.

"그래도 어쨌든 편하잖아요."

준호는 여행 내내 어디든 갈 수 있게 해 준 푸른 팔찌를 대수롭지 않게 만지작거렸다.

다음 날 아침, 준호는 생각보다 일찍 눈을 떴다. 집에 돌아갈 생각을 하니 아쉽기도 하고 기쁘기도 했다. 삼촌이 깨지 않도록 발소리를 죽여 침대에서 내려온 준호는 깨끗한 수건을 챙겨 욕실로 향했다. 객실 창가에 서니 안개에 싸인 빌딩 숲이 내려다 보였다. 언제 봐도 빅 시티는 근사한 도시였다. 자신이 떠난 다음에도 이 도시가 시계태엽처럼 일사분란하게 움직일 것을 생각하니, 처음 이런 시스템을 고안한 사람들이 대단하게 느껴졌다.

준호 일행은 서둘러서 짐을 챙겨 로비로 내려왔다. 그런데 엘리베이터가 열리자 상상하지 못한 광경이 일행을 맞았다. 로비를 꽉 채운 여행객들이 체크인과 체크아웃을 하지 못해 직원들에게 항의를 하고 있었다. 당황한 직원들은 어딘가로 전화를 걸었으나 연결되지 않는 모양이었다. 준호는 무슨 일인지 몰라 어리둥절했다.

그때 로비에 걸린 모니터에서 긴급 뉴스가 흘러나왔다. 도시 기능의 핵심이었던 푸른 팔찌 기능이 멈췄다는 것이었다. 뉴스에선 해킹 가능성을 추측했지만, 시에서는 보안 기술의 안정성을 두둔하며 극구 부인했다. 공식적인 발표가 나지 않은 채 시간이 흘렀다. 발이 묶인 여행객들은 기약 없이 대기해야 했다. 푸른 팔찌로는 아무것도 할 수 없게 되자 다들 당혹해하는 기색이 역력했다.

호텔 로비 의자에서 기다리다 지친 준호는 삼촌에게 허락을 맡고 거리로 나왔다. 하지만 바깥 풍경 역시 어제까지 보던 빅 시티가 아니었다. 상점도 식당도 죄다 거래가 정지되어 있었다. 부랴부랴 현금을 구한 손님들이 물건을 사려고 해도 신용거래에 익숙해진 가게에서는 거슬러 줄 돈이 충분하지 않았다. 식사는커녕 음료 한 병 사 마시기도 어려웠다.

준호는 혼란에 빠진 거리를 헤매다 다시 호텔로 돌아왔다. 로비에 진을 친 고객들에게 호텔에서 빵과 우유를 나눠 주었다. 불만에 가득 차서 허기를 달래던 투숙객들이 갑자기 모니터 화면을 응시했다. 뉴스 속보가 나오던 모니터에서 새로운 정보가 흘러나오기 시작한 것이다. 화면에는 수많은 사람들의 사진과 이름, 날짜와 시간, 상호명과 제품 가격 등이 끊임없이 노출되고 있었다. 그것이 무슨 정보인지 파악하는 데는 오랜 시간이 걸리지 않았다. 바로 호텔 투숙객들의 팔찌 이용 내역이었다. 빅 시티를 여행한 사람들이 이동한 경로, 먹은 음식, 구입한 물품까지 낱낱이 공개되고 있었다.

"여보, 저게 뭐예요? 당신 어젯밤에 어디 간 거예요?"

앞자리에서 젊은 아내가 남편에게 소리쳤다.

"당신 미쳤어? 명품 가방은 사지 않기로 했잖아."

중년 남자가 아내를 다그치는 소리도 들렸다. 그때 준호 옆에서 허겁지겁 빵을 먹던 남자가 별안간 낮은 비명을 내뱉었다. 준호는 화면에 뿌려지는 내역이 누구의 것인지 눈치챌 수 있었다. 덩치가 큰 그 남자는 빅 시티를 여행하는 동안 웬만한 레스토랑에는 다 들른 것 같았다. 레스토랑 상호명이 끝도 없이 이어졌다. 급기야 네일 마사지 숍과 당뇨병에 관련된 책 구입 목록까지 뜨자 남자는 벌겋게 달아오른 얼굴로 몸을 떨었다. 준호는 언젠가 친구들에게 일기를 들켰던 순간이 떠올랐다. 딱히 봐서는 안 될 비밀이 적혀 있는 것은 아니었지만, 다른 사람 앞에서 발가벗겨진 느낌이 들었던 것만은 지금도 생생했다. 준호는 옆자리 남자가 지금 그런 기분일지도 모른다고 생각했다.

이제 호텔 로비에 있는 사람들은 극도로 혼란에 빠져 있었다. 알리고 싶지 않은 사생활이 노출돼 괴로워하는 사람들, 모니터를 끄라고 호텔 직원에게 소리치는 사람들로 로비는 아수라장이 되었다. 준호가 당황하자 삼촌이 준호를 바짝 끌어당겼다. 준호는 약관에 이런 사고 발생 가능성에 대해 언급되어 있었는지 기억조차 나지 않았다. 그동안 개인의 사생활을 고스란히 들킬 수 있는 빅 시티의 시스템에 대해 진지하게 고민해 보지 않았다는 생각이 문득 들었다. 삼촌도 같은 생각을 한 게 분명했다. 삼촌이 손목에서 팔찌를 빼내 바닥에 던져 버렸다. 준호도 망설임 없이 따라했다. 에메랄드빛 팔찌가 로비 바닥을 뒹굴며 파랗게 빛나고 있었다.

정보화 사회의 빛과 그림자

정보화 사회가 되면서 우리의 삶은 참 편리해졌어요. 예전에는 버스나 지하철을 타려면 주머니 속 동전을 요금에 맞게 챙기거나 토큰이나 승차권을 사야 했지요. 버스에서 지하철로 갈아탈 때 환승을 하면 추가 요금을 더 내지 않아도 된 것은 최근에야 생긴 일이에요. 차비를 동전이나 승차권으로 내던 시대에는 환승이라는 것 자체가 불가능했지요. 편지를 쓰고 우표를 붙여 우체통에 넣는 대신 이메일을 보낼 수 있게 된 것도, 시내 서점에 나가 책을 사는 대신 인터넷 서점에서 간편하게 주문할 수 있게 된 것도, 유명 학원 강사의 수업을 신청하기 위해 새벽같이 줄을 서는 대신 클릭 몇 번으로 인터넷 강의를 신청할 수 있게 된 것도 모두 정보 통신 기술이 발달한 덕분이에요.

그런데 이렇게 편리한 정보 통신 기술을 이용하기 위해서는 돈 외에도 한 가지 대가가 더 필요해요. 바로 '개인 정보'이지요. 사이트에 가입하려면 이름과 주민등록번호, 주소와 연락처 등을 입력해야 해요. 물건을 살 때는 신용카드 번호나 통장 번호, 또는 휴대전화 번호 같은 결제 수단을 입력해야 하지요.

반드시 개인 정보를 직접 입력하지 않더라도 기업들은 개인 정보 비슷한 것을 수집합니다. 인터넷 사이트에서는 아이피IP 주소를 수집하기도 하고 쿠키라는 작은 파일을 이용해 사용자를 식별하기도 하지요. 티머니 카드 같은 선불식 교통카드를 쓰는 경우에도 그 카드 고유의 식별 번호가 수집된답니다. 이런 정보들이 다른 곳에서 수집된 내 이름이나 주소, 전화번호 등과 연결되기도 하지요. 그렇다면 기업이 소비자의 개인 정보를 수집하는 이유는 무엇일까요?

첫째는 개인 정보를 수집해야 서비스를 할 수 있기 때문이지요. 물건을 배송하려면 받을 사람의 주소를 알아야 하고, 그러려면 개인 정보가 필요할 수밖에 없어요. 둘째는 개인 정보를 이용하면 고객들에게 부가 서비스를 제공할 수 있기 때문이에요. 고객들의 개인 정보를 알면 포인트를 적립해 주는 등 맞춤형 서비스를 제공할 수도 있지요.

그런데 이런 개인 정보가 쌓이면 생각지도 못한 상황이 벌어질 수 있어요. 만약 교통카드 정보를 이용하면 내가 평소에 어디에서 어디로 이동하는지 자연스럽게 알 수 있게 되지요. 휴대전화 위치 정보까지 결합시키면 아주 정확한 동선을 파악할 수도 있어요. 어떤 책과 어떤 동영상을 즐겨 보는지도 금방 파악이 되겠죠? 인터넷 쇼핑몰에서

1987년 당시 미국 대통령 로널드 레이건은 로버트 보크 판사를 연방대법관으로 지명했다. 그때 〈시티 페이퍼〉의 기자가 보크 판사의 약점을 찾기 위해 그의 단골 비디오 대여점에서 대여 목록을 받아 냈다. '야한 동영상' 목록을 찾아내려는 의도와는 달리, 보크 판사는 알프레드 히치콕 감독의 영화나 서부영화를 주로 본 것으로 나타났다. 하지만 〈시티 페이퍼〉는 이 목록을 기사로 내보내 보크 판사의 영화 취향을 문제 삼았다. 이 사건을 계기로 미국 의회는 비디오프라이버시보호법을 제정했다.

물건 구매 내역을 분석하면 그 사람의 소비 행태와 소득 수준도 어느 정도 파악할 수 있지요. 이처럼 한 사람의 개인 정보를 계속 축적하다 보면 그 사람의 생각과 취향, 행동, 심지어 건강 상태까지도 완벽하게 파악하는 것이 가능해집니다. 더구나 요즘 유행하는 싸이월드나 카카오톡 등 소셜 네트워크 서비스를 이용하면 가족이나 친구들의 개인 정보까지 알아내는 것도 시간문제겠지요?

이렇게 축적되고 결합된 개인 정보가 잘 사용되면 좋겠지만, 악용된다면 어떤 일이 벌어질까요? 모르긴 몰라도 무서운 결과로 이어질 게 뻔합니다. 옛날에 걸린 질병이나 노동조합 활동을 했다는 이력 때문에 취업을 못 할 수도 있고, 부모의 질병을 이유로 보험 가입에 불이익을 받는 경우도 생길 수 있지요. 위험한 유혹의 손길이 뻗쳐 올

수도 있어요. 예를 들어 고금리 대부업체들은 경제적으로 어려울 것으로 예상되는 사람을 골라 대출 권유 전화를 합니다. 쇼핑몰은 소비자의 취향을 파악한 뒤에 그 사람이 좋아할 만한 물건을 집중적으로 홍보해서 충동구매를 부추기지요.

에스케이텔레콤, 케이티KT 등 이동통신사들이 휴대전화를 통해 제공하는 서비스 중 '친구 찾기'라는 것이 있어요. 말 그대로 가족이나 친구, 애인이 어디에 있는지 위치를 확인해 주는 서비스인데, 이 서비스를 통해 누군가의 위치를 확인하려면 비록 가족이나 친구라 하더라도 미리 동의를 받아야 합니다. 그런데 정작 이 친구 찾기 서비스를 운영하고 있는 이동통신사의 협력업체 직원들은 고객들의 위치 정보를 마음대로 들여다볼 수 있어요. 한번은 이들이 고객 몰래 들여다본 위치 정보를 심부름센터 같은 곳에 팔아넘긴 일이 있었어요. 그리고 심부름센터에서는 이렇게 불법으로 얻은 위치 정보를 이용해서 누군가를 미행하고 도청하는 데 사용했고요. 이 과정에서 무려 1천여 명을 대상으로 3만 3천여 건의 위치 정보가 불법으로 팔렸지요. 2012년 3월 경찰이 이 사건을 수사한 결과, 협력업체 직원들, 심부름센터 직원들, 심부름센터에 위치 추적을 부탁한 사람들까지 통틀어 100명이 넘는 사람이 입건되었습니다.

이 같은 위험성 때문에 개인 정보에 관한 국제 규범이나 법률에는 당사자 동의 없이 개인 정보를 수집하고 이용하는 것을 엄격히 규제하고 있어요. 특히 어떤 기업이 자신들의 고객에 관한 정보를 당사자 동의 없이 다른 기업이나 개인에게 제공하거나 유출하는 것을 강력하게 처벌하고 있지요.

빅 브라더를 꿈꾸다

'빅 브라더'는 온 사회의 정보를 독점해 개개인을 통제하고 요리할 수 있는 거대한 권력을 가리키는 말이에요. 강제와 억압을 통해 개인의 모든 생활을 통제하고 지시하고자 하는 전체주의 국가에서나 가능할 것으로 생각했던 빅 브라더가 최근에는 글로벌 정보 통신 기술 기업들의 몸을 빌려 그 모습을 드러내려 하고 있어요. 그 첫 번째 시도는 마이크로소프트의 닷넷 패스포트 프로젝트.NET Passport project였습니다.

마이크로소프트는 잘 알다시피 1975년 빌 게이츠가 세운 기업이에요. 처음에는 마이크로소프트-도스라는 운영체제를 아이비엠IBM에 납품하는 소프트웨어 개발업체로 시작했는데, 1980년대 후반 컴퓨터가 널리 보급되면서 그 선두에 있던 아이비엠의 성장에 힘입어 소프트웨어 개발을 주도하는 회사로 올라섰지요. 1995년에는 윈도95를 내놓으면서 개인용 컴퓨터 운영체제를 사실상 독점하게 되었습니다.

1949년에 영국에서 처음 출간한 《1984》. 빅 브라더는 영국의 작가 조지 오웰의 소설 《1984》에 나오는 가공의 인물로, 전체주의 국가 '오세아니아'를 통치하는 독재자다. 빅 브라더는 텔레스크린(송신과 수신이 모두 가능한 모니터)을 통해 모든 국민의 일거수일투족을 감시하고 통제한다. 전체주의적 감시 국가의 대명사로 쓰이던 '빅 브라더'는 정보화 사회가 되면서 국가와 기업을 막론하고 막대한 개인 정보가 집중된 권력을 가리키는 말로 그 의미가 넓어졌다.

마이크로소프트는 운영체제를 독점한 것을 바탕으로 1990년대 중반 떠오르기 시작한 인터넷 시장을 장악하려고 시도했어요. 당시 대표적인 웹브라우저인 넷스케이프와 메신저 서비스인 아이씨큐ICQ, 이메일 및 포털 서비스인 야후와 아메리카 온라인AOL을 따라잡기 위해 윈도98에서부터 인터넷 익스플로러와 마이크로소프트 메신저, 그리고 핫메일과 마이크로소프트 포털MSN을 끼워 팔기 시작했지요. 이 같은 끼워 팔기로 인해 전 세계의 정보 통신 기술 업체와 기술자들의 분노를 사고, 이후 수년간 반독점 소송에 시달리게 되었어요. 하지만 그 사이에 마이크로소프트는 다른 경쟁업체들을 제치고 인터넷 서비스 분야에서 막강한 힘을 지닌 기업으로 떠올랐어요.

  2001년부터 마이크로소프트는 인터넷 서비스 분야에서 구축한 영향력을 바탕으로 빅 브라더가 되기 위한 사업을 본격적으로 추진하기 시작해요. 바로 앞서 이야기한 닷넷 패스포트 프로젝트가 그것이지요. 이 프로젝트는 마이크로소프트의 인터넷 계정으로 수많은 인터넷 사이트를 하나로 통합하려는 계획이에요. 인터넷 사용자가 핫메일이나 마이크로소프트 메신저를 사용하려면 닷넷 패스포트 아이디를 만들어야 하는데, 이렇게 만들어진 아이디로 마이크로소프트와 제휴한 모든 사이트에 접속할 수 있도록 하겠다는 것이지요.

  아이디 하나로 모든 사이트에 접속할 수 있다니 어찌 보면 참으로 편리한 구조입니다. 하지만 달리 말하면, 이 방식은 아이디 하나를 분석하면 그 아이디를 가진 사람이 인터넷에서 무엇을 했는지 전부 알 수 있다는 말이기도 해요. 그 사람이 어떤 물건들을 자주 사는지, 어떤 후보를 지지하는지, 그 사람의 사는 곳이 어딘지, 생일은 언제고,

어떤 직업을 가지고 있는지를 모두 알 수 있게 된다는 말이지요.

또 하나의 문제점은 닷넷 패스포트가 결제 시스템을 포함하고 있다는 점이었어요. 이는 인터넷 서비스를 제공하기 위해 별도의 결제 시스템을 개발하거나 기존 인터넷 결제 서비스와 연동시키는 노력을 하지 않아도 된다는 말이에요. 이용자들이 결제를 할 때는 편리하겠지만, 이렇게 되면 닷넷 패스포트를 도입한 모든 웹사이트가 마이크로소프트에 기술적으로 종속되는 것은 물론이고, 그 사이트를 이용하는 사람들의 일거수일투족이 마이크로소프트의 손에 고스란히 넘어가게 될 수도 있다는 말이었어요. 바로 '빅 브라더'가 등장하게 되는 것입니다.

닷넷 패스포트에서 로그아웃 Sign Out of Passport!

자유롭고 개방된 인터넷, 공유의 공간으로 인터넷을 즐겨온 수많은 사용자들과 개발자들에게 마이크로소프트가 추구하는 독점적이고 폐쇄적인 방식의 인터넷 서비스는 매우 큰 위협으로 다가왔어요.

그래서 전자프라이버시정보센터, 기술관련소비자프로젝트 등 미국의 소비자단체와 프라이버시단체들은 2001년 7월부터 닷넷 패스포트 프로젝트의 개인 정보 침해와 보안상 문제 등을 들어 미국 연방통상위원회에 윈도엑스피 출시를 막아 줄 것을 요청했어요. 마이크로소프트는 연방통상위원회의 권고에 따라 닷넷 패스포트의 보안상 취약점을 일부 고쳤어요. 아울러 닷넷 패스포트 이용자가 가맹 사이트에 방

문하면 자동으로 접속이 이루어지고 개인 정보를 제공하도록 하는 시스템을 고쳐 소비자가 동의하는 경우에만 접속이 이루어지도록 바꾸었어요.

그러나 이것으로 끝나지 않았습니다. 이번에는 미국보다 더 강력한 개인 정보 보호 정책을 채택하고 있는 유럽에서 문제를 제기했어요. 2002년 5월 유럽의회 의원인 에릭 마이어가 유럽위원회에 닷넷 패스포트의 문제점들에 관해 질의했고 이에 따라 유럽위원회가 데이터 보호법 위반 여부에 관해 조사에 나섰어요. 10개월에 걸친 조사를 마친 끝에 2003년 초 마이크로소프트는 닷넷 패스포트 이용자들이 개인 정보 공유와 관련해서 더 많은 선택권(개인이 자신의 정보를 제공할 것인지 말 것인지에 대한 선택권)을 가질 수 있도록 시스템을 고치기로 합의했어요.

한편, 마이크로소프트의 독점에 문제제기를 해왔던 여러 그룹들도 대안적인 인증 시스템을 개발하기 시작했어요. 주로 오픈 소스open source 운동가들이었는데, 오픈 소스란 소프트웨어의 프로그램을 인터넷 등을 통해 공짜로 공개해 누구나 그 소프트웨어를 개량하고 재배포할 수 있도록 하는 것을 말해요. 그들은 닷GNU라는 오픈 소스 기반의 인증 시스템을 제안했고, 선마이크로시스템을 비롯한 여러 기업체들은 리버티얼라이언스Liberty Alliances를 설립해 역시 닷넷 패스포트와 달리 특정 기업에 종속되지 않는 독립적인 인증 시스템을 개발하기 시작했어요. 이 같은 다양한 움직임으로 인해 닷넷 패스포트는 마이크로소프트의 기대와는 달리 좀처럼 확산되지 못했어요. 그리고 지금은 사실상 마이크로소프트의 자체 인터넷 서비스에서만 통용되는 인증 시스템으로 축소되고 말았지요.

신뢰를 잃고 상생을 저버리다

닷넷 패스포트가 실패한 데는 크게 두 가지 원인이 있어요. 하나는 마이크로소프트가 거대한 인터넷 제국을 건설할 만큼 신뢰를 쌓지 못했다는 점이지요. 닷넷 패스포트 프로젝트를 시작하기 전부터 마이크로소프트는 독점적인 지위를 남용하고 문어발 식으로 사업을 넓혀 전 세계 이용자들과 각 국가의 경제부처에서 불신의 대상이었어요. 2001년 7월 리서치 회사인 버튼 그룹의 개리 헤인은 다음과 같이 지적했지요.

"닷넷이 성공하기 위해선 무엇보다 기업, 소비자, 정부 모두가 마이크로소프트에 사적인 정보를 맡길 수 있을 만큼 신뢰를 갖고 있어야 합니다. 그러나 지금까지 마이크로소프트의 전력으로 볼 때, 사람들이 마이크로소프트에 대해 이런 신뢰를 갖기란 결코 쉬운 일이 아닙니다. 마이크로소프트는 실제로 지금껏 단 한 번도 보안, 개인 정보 보호, 안정성에서 높은 점수를 받아 본 적이 없습니다. 마이크로소프트가 정말 닷넷을 성공시키고 싶다면 먼저 대중의 신뢰를 얻어야 합니다. 자사 정책에 대해 대중이 신뢰하지 않고 게다가 시장을 독점한다는 경쟁사들의 법적 대응을 지금처럼 방치한다면, 마이크로소프트의 닷넷 전략은 굉장한 어려움을 겪을 수밖에 없을 겁니다."[17]

이런 상황에서 마이크로소프트가 인터넷 이용자들이 민감하게 받아들이는 개인 정보와 관련한 서비스를 추진하려고 하니 성공하기가 쉽지 않았던 것이지요.

또 하나의 요인은 마이크로소프트가 상생의 가치를 도외시했기 때문이에요. 인터넷은 특히 자유와 개방의 가치를 매우 중시하는 공간입니다. 따라서 특정 기업이 자신의 독점적인 지위를 이용해 자사 중심의 폐쇄적인 서비스를 시도하려고 하는 순간 반발에 부딪칠 수밖에 없어요. 볼티모어 법대의 봅 랜드 교수는 이렇게 지적했어요.

"마이크로소프트의 전략이 인터넷 발전과 편리함을 위한다고는 하지만 이를 독점적인 형태로 이루려고 한다는 것이 문제입니다. 경쟁업체와 반독점 세력의 반격 앞에 마이크로소프트가 뜻대로 모든 것을 이룰 수 있을지 두고 봐야 할 것입니다."[18]

이런 이유 때문에 리버티얼라이언스 같은 대안적 서비스를 추진하는 그룹이 등장하게 되었고, 이후 오픈 아이디라는 더 개방적이고 더 개인 정보를 존중하는 방식의 새로운 서비스가 대세로 자리 잡게 된 것이지요. 뿐만 아니라 마이크로소프트는 여러 반독점 소송에서도 패하고 애플, 구글 등 다른 혁신적 기업들에 따라잡히면서 과거의 영광에서 멀어지고 말았습니다.

하지만 마이크로소프트의 사례는 비단 특정 기업만의 사례가 아니에요. 최근 구글에서도 비슷한 논란이 있었지요. 유튜브, 지메일 등 구글이 제공하는 60여 가지의 서비스에서 수집된 개인 정보를 통합해 개개인에게 꼭 맞는 추천 검색어, 맞춤 검색 결과를 제공하는 방식이 도입되었어요. 그러자 유럽연합에서는 구글의 새로운 개인 정보 정책이 이용자들의 권리를 침해한다며 개선을 요구하고 있어요. 구글이

2009년 빅 브라더 상 시상식 포스터. 영국의 프라이버시인터내셔널은 매년 특별히 심각한 개인 정보 침해를 일으킨 공무원이나 기업에 빅 브라더 상을 주고 있다. 2005년 한국에서도 처음 주민등록번호 제도에 '가장 끔찍한 프로젝트 상', 정보통신부에 '가장 가증스러운 정부 상' 등을 주었다.

이를 받아들이지 않는다면 아마 유럽의 구글 이용자들에게는 새로운 서비스를 제공하기 어려울 것입니다.

정부나 기업은 치안과 행정, 혹은 영업을 위해 국민이나 소비자들의 개인 정보를 최대한 사용하고 싶어 합니다. 그런데 개인이 정부나 기업에 맞서 자신의 권익을 실현하는 것은 쉬운 일이 아니지요. 그래서 개인 정보 보호를 목적으로 하는 비정부국제기구들이 시민의 권리를 대변하고 정부와 기업의 개인 정보 보호 침해를 감시하고 있어요. 미국에서는 전자프라이버시정보센터와 미국시민자유연맹, 전자개척자재단 등이 미국 정부, 그리고 마이크로소프트, 페이스북, 구글 등 거대 정보 통신 기술 기업에 맞서 시민의 개인 정보를 지키기 위해 싸우고 있어요. 또 영국에 본부를 둔 프라이버시인터내셔널이라는 단체는 매년 빅 브라더 상을 제정해 특별히 심각한 개인 정보 침해를 일으킨 공무원이나 기업에 명예롭지 못한 상을 주고 있답니다.

서구 민주주의 국가 중에는 일반 국민이나 비정부국제기구를 대신해 개인 정보 보호를 전담하는 개인 정보 감독 기구를 나라에서 설립한 곳도 있어요. 대개 프라이버시보호위원회라는 이름을 갖고 있는 이 기구들은 국가 기관임에도 불구하고 기업은 물론 국가의 개인 정보 수집과 관리를 감시하는 것을 주된 임무로 하고 있습니다. 한국에도 2011년 2월 개인정보보호법이 제정되었고 이 법에 따라 그 해 9월, 개인정보보호위원회가 설립되어 현재 활동하고 있지요.

개인 정보를 어떻게 다룰 것인가

기업들은 지금도 기업 활동을 더 효율적으로 하기 위해 다양한 정보화 시스템을 도입하고 있어요. 마이크로소프트나 네이버 같은 정보 통신 기술 전문 기업들은 물론 일반 제조업체들도 마케팅과 고객 관리, 생산 과정의 효율성을 높이기 위해 정보 통신 기술을 사용하고 있지요. 이 과정에서 소비자와 직원을 비롯한 다양한 이해 관계자들의 개인 정보를 수집하고 이용하는 범위도 점점 넓어지고 있습니다.

실제로 개인 정보를 잘 모으고 잘 활용하면 기업에 많은 이익을 가져다주는 것이 사실이에요. 하지만 자칫 잘못 사용하면 오히려 기업에 나쁜 영향을 줄 수도 있어요. 기업이 개인 정보를 잘못 사용해 소비자나 직원들의 신뢰를 잃을 수도 있고, 무작위로 제품을 판매하기 위해 전화를 하거나 광고 메일을 보내 소비자를 귀찮게 할 수도 있지요. 이러한 행동은 소비자에게 '이 회사가 내 전화번호와 메일 주소를 어떻게 알게 된 걸까?'라는 의심을 불러일으키겠지요. 물건 하나 더 팔아 보려다가 소비자의 신뢰를 잃게 된다면 장기적으로 그 기업은 오히려 고객의 외면을 받게 될 것입니다.

또 많은 기업들이 직원의 업무 성과를 높이거나 회사의 기밀을 유출시키지 못하도록 직원을 감시하는 시스템을 사용하기도 해요. 이 경우에도 일시적으로 직원들이 더 열심히 일하게 할 수 있을지는 모르지만, 장기적으로는 회사에 대한 신뢰와 충성도를 떨어뜨릴 수 있어요. 기업들은 '소비자가 왕'이라고, '직원이 회사의 주인'이라고 입버릇처럼 말하죠. 그러면서 소비자를 단순히 마케팅의 대상으로 보고 직원을 감시의 대상으로 삼는다면, 그 기업이 신뢰를 잃게 되는 것은 당연한 일이 아닐까요? 마이크로소프트의 사례에서 볼 수 있듯 이해관계자들의 신뢰를 잃은 기업은 오래 가기 어렵습니다.

더욱 큰 문제는 이러한 사례가 한 기업만의 문제로 끝나지 않을 수 있다는 사실이에요. 소비자의 개인 정보는 주로 마케팅 영역에서 쓰이는데, 불법적인 방식의 광고 메일이나 텔레 마케팅이 지나치면 소비자들이 아예 텔레 마케팅이나 광고 메일 자체를 거부하게 되지요. 그렇게 되면 정상적인 마케팅을 하는 기업마저 소비자와 접촉할 기회를 잃게 되고, 그 결과 시장 자체가 제 기능을 못하게 될 수도 있어요. 실제로 이메일 마케팅이 범람하는 광고 메일 때문에 이미 마케팅 수단으로서의 기능을 잃어버린 것이 그 예입니다.

개인 정보의 주인은 어디까지나 소비자 개개인, 직원 개개인이에요. 개인 정보를 어느 수준까지 공개할 것인지, 개인 정보를 어떤 기업에게 제공할 것인지를 결정할 권리는 개인에게 있어요. 그리고 기업은 필요 이상의 정보를 요구하거나 수집된 정보를 이용해 무작위로 마케팅에 활용하는 행위를 멈춰야 해요. 기업이 개인 정보를 한 줄의 데이터로 취급하지 않고, 온전한 개인의 자산으로 인정할 때 올바른 개인 정보 보호의 원칙이 세워질 것입니다.

개인정보보호법은 어떻게 만들어졌을까?

컴퓨터가 국가 행정에 도입되기 시작한 1970년대 초반부터 서구의 각 국가들은 개인정보보호법을 제정했다. 독일과 스웨덴이 1973년, 미국이 1974년, 캐나다가 1982년, 영국이 1984년, 오스트레일리아가 1988년에 각각 개인정보보호법을 제정했다. 미국은 공공 기관의 개인 정보 수집은 엄격하게 규제하지만, 민간의 개인 정보 수집은 일반적인 원칙을 규정하지 않고 사업자와 소비자 사이의 계약에 맡기고 있다. 반면 유럽에서는 민간 영역에서도 법률이나 당사자의 동의를 거치도록 엄격하게 규정하고 있다. 또 정부로부터 독립적인 개인 정보 보호 전담 기구를 설치해 국가와 민간의 모든 개인 정보 이용 행위를 감독하고 있다.

이러한 차이는 한때 미국과 유럽 사이에서 무역 분쟁을 일으키기도 했다. 이에 1998년 미국은, 미국 기업이 유럽연합 소속 국가의 국민을 상대로 개인 정보 수집을 필요로 하는 거래를 할 경우 유럽연합이 요구하는 수준으로 개인 정보를 보호하겠다는 내용을 담은 세이프하버Safe Harbor원칙을 세웠다. 유럽연합은 이 원칙을 지킬 것을 선언한 기업에 한해 유럽에서 기업 활동과 개인 정보 수집 활동을 하도록 허용하고 있다. 또 유럽연합은 미국 민간 기업들이 자발적으로 유럽연합에서 요구하는 수준의 개인 정보 보호 정책을 지킬 것을 선언하도록 하고 있다.

경제협력개발기구는 1980년, 각 국가의 개인정보보호법의 내용을 바탕으로 '개인 데이터의 국제 유통과 프라이버시 보호 가이드라인'을 제정했다. 이 가이드라인은 개인 정보 보호와 관련해 최초로 합의된 국제 원칙으로 이후 각 국가의 개인정보보호법 제정에 기준이 되어 왔다. 1990년 유럽연합의 결의로 채택된 '컴퓨터화된 개인 정보 파일의 규율에 관한 지침'이 이 가이드라인에 따라 만들어졌고, 2011년 제정된 한국의 개인정보보호법도 이 가이드라인에서 제시한 원칙들을 기준으로 만들었다.

한편 유럽은 유럽 내 국가들의 강력한 개인정보보호법의 내용을 반영해 1995년에 '개인 정보 처리에 있어서 개인 정보의 보호 및 정보의 자유로운 이동에 관한 지침'을 별도로 제정해 시행하고 있다.

공정 무역 커피는
계속되어야 한다
스타벅스

일 년에 고작 사흘쯤 피고 지는 꽃. 농장 한쪽에 하얀 커피나무 꽃들이 만발했다. 며칠 전부터 듬성듬성 기미를 보이더니 하룻밤 새 한꺼번에 망울을 터뜨렸다. 케냐의 스물세 살 청년 모리스는 이 풍경을 좋아했다. 가지에 돋아난 꽃잎을 부드럽게 훑으면 손에 닿는 감촉이 그만이었다. 모리스는 신발을 벗어던지고 밭고랑으로 들어가 느릿느릿 걸음을 내딛었다. 커피 꽃향기와 함께 약혼녀 리사의 말이 떠올랐다.

"모리스, 커피 농장엔 더 이상 희망이 없어. 우리 도시로 떠나자."

모리스는 십삼 년째 커피 농장에서 생활하고 있었다. 중간중간 다른 곳을 전전하기도 했지만 결국 처음 일을 시작한 농장으로 되돌아왔다. 모리스는 이곳에서 보낸 첫해를 생생하게 기억했다. 종일 뙤약볕 아래서 모종을 가꾸고 가지마다 빼곡히 자란 커피콩을 채취하다 보면 갑자기 열이 오르고 어질어질해지기 일쑤였다. 열 살 꼬마는 이를 악물고 계속 몸을 놀렸지만 간혹 맥없이 쓰러지곤 했다. 깨어나면 원두막 천장이 제일 먼저 눈에 들어왔고, 자루에서 쏟아진 커피콩들이 바닥에 흩어지는 소리가 들렸다.

"모리스, 괜찮니?"

친절한 농장 아주머니들이 이마를 짚어 주었다. 그래도 모리스의 볼을 타고 흐르는 눈물을 막을 수는 없었다. 꼭 아프고 힘에 부쳐서

만은 아니었다. 시간을 채우지 못한 만큼 임금을 깎이는 게 속상했다. 그러면 집에 부칠 돈이 줄어드니까. 가족의 생계를 돕는 열 살짜리 꼬마는 노동시간이나 최저임금이라는 단어를 들어본 적이 없었다. 아마 농장에서 일하는 어른들도 마찬가지였을 것이다.

　모리스는 몇 년이 지난 다음에야 그 말의 뜻을 제대로 이해하게 되었다. 공정 무역 단체가 농장을 방문했을 때의 일이다. 열심히 일해도 경영이 나아지지 않자 농장주 할아버지는 공정 무역 단체의 방문을 신청했다. 그들은 여러 조건을 내걸었다. 적정한 임금을 지급하고, 15세 이하의 아이들은 고용하지 말 것과, 여성 일꾼을 차별 대우 하지 말고, 일꾼들이 의견을 제시할 수 있는 권리를 보장하고, 되도록 농약을 뿌리지 말라는 등의 조건이었다. 부자 나라에서 왔다더니 어린 모리스가 보기에도 물정 모르는 소리를 해댔다. 안 그래도 농장 살림이 어려운데, 어째 문을 닫으라는 소리로 들렸다. 대신 그 단체는 요구 사항에 충실히 응하면 원두를 제값에 팔 수 있는 길을 열어 주겠다고 했다. 그때까지 모리스는 원두가 중간 유통업자나 대규모 다국적 기업들에게 얼마나 헐값에 팔리는지 알지 못했다. 그저 자신이 허약하고 일이 서툰 탓에 벌이가 적다고만 여겼다.

　농장과 단체는 서로 약속을 지켰다. 덕분에 수익도 늘어나고 노동 환경도 개선되었다. 당연히 모리스가 받는 돈도 늘었다. 하지만 형편은 좀처럼 나아지지 않았다. 걸핏하면 쓰러지던 꼬마가 꽉 찬 원두 자루를 한 팔로 들어 올릴 수 있을 만큼 자랐어도 모리스는 여전히 가난했다. 어쩌면 리사의 말이 옳은지도 몰랐다. 커피나무를 바라보는 모리스의 표정이 금세 어두워졌다.

혜지는 메뉴판을 올려다보며 미간을 찌푸렸다. 하루 사이에 커피 가격이 슬그머니 올랐다.

"죄송합니다, 고객님. 원두 값이 올라서요. 대신 차 가격은 내렸어요."

매장 직원이 예의 바른 목소리로 양해를 구했다. 아마도 오늘 하루 내내 같은 말을 반복했을 터였다. 혜지는 사람들이 덜 찾는 메뉴의 가격은 내리고 많이 찾는 커피 가격을 올린 것이 못마땅했지만 지쳐 보이는 직원에게 더 이상 따지고 싶은 마음이 들지 않았다.

"카페 모카, 그란데 크기로 주세요."

혜지는 한 끼 식사비와 맞먹는 금액을 지불하고 커피를 주문했다. 스물세 살의 평범한 대학생인 혜지에게 하루 한 번 스타벅스에 들르는 일은 빼놓을 수 없는 즐거움이었다. 전에는 중독이라 여겨질 만큼 카페를 자주 들락거렸는데, 어학연수 비용을 모으기 시작하면서부터 하루 한 잔으로 줄인 터였다.

음료가 준비되는 동안 혜지는 매장을 둘러보았다. 고급 목재로 장식한 인테리어가 친근하면서도 세련된 인상을 풍겼다. 혜지의 시선이 스타벅스 심벌이 새겨진 다양한 종류의 판매용 머그컵과 포장 원두 진열대를 따라갔다. 그리고 마지막으로 벽에 붙어 있는 포스터에 시선이 머물렀다. 포스터엔 커피 열매를 볕에 말리며 밝게 웃는 청년과 두 손 가득 담긴 원두를 내보이며 미소 짓는 소녀의 사진이 붙어 있었다. 그 밑엔 스타벅스가 공정 무역 원두를 사용하고 있으며, 커피 농가 보호를 위해 힘쓰고 있다는 문구가 적혀 있었다.

공정 무역에 대해서라면 혜지도 들어본 적이 있다. 다국적기업이 거의 전부나 다름없는 이윤을 챙기는 기존의 무역 방식과 달리 원산지의 생산자에게 정당한 대가를 돌려주자는 취지에서 도입된 무역 방식이었다. 우리나라에서도 이미 여러 곳에서 공정 무역으로 들여온 '착한 커피'를 팔고 있었다. 스타벅스도 공정 무역 원두를 사용하는 곳 가운데 하나였다.

혜지는 매장 직원이 건네준 커피를 받아들고 적당한 자리를 찾아 앉았다.

'공정 무역 커피니까 봐준다.'

혜지는 커피를 한 모금 마셨다. 카페 모카의 달콤한 생크림이 혀끝에 감돌았다.

모리스는 며칠째 고민 중이었다. 옆구리가 불룩한 원두 자루를 어깨에 메고 나를 때도, 커피나무 그늘에 앉아 목을 축일 때도 내내 리사의 말이 머릿속을 떠나지 않았다. 피곤한 몸을 이끌고 저녁 식탁에 앉은 모리스는 농장을 떠나 새로운 직업을 구해야 할지 말아야 할지 고민이었다.

열 살 때부터 커피나무에 둘러싸여 자란 모리스에게 농장은 각별한 곳이었다. 모리스는 농장에서 생산된 원두 자루에 처음 공정 무역 인증 마크를 찍던 날이 떠올랐다. 기뻐하던 농장 식구들의 모습이 아직도 눈에 선했다. 마크를 찍기 위해 원두의 품질을 높이려고 애쓰던 날들도 잊지 못했다. 질 좋은 원두를 생산한다는 자부심과 곧 생활이 안정될 거라는 희망에 부푼 시절이었다. 그렇게 오랜 기간 열심히 일한 덕분에 모리스는 노동자 겸 현장 매니저 역할도 겸할 수 있게 되었다.

하지만 공정 무역의 힘을 빌려 원두 값을 비싸게 받아도 빈곤의 사슬을 끊을 수는 없었다. 싼 값에 원두를 넘기는 농가들보다는 나은 편이었지만, 여전히 농장 식구들이 넉넉하게 살아가기에는 턱없이 부족한 수입이었다. 그게 현실이었다. 누군가는 커피 농사를 중단해야 한다고 주장했다. 케냐의 대다수 농지가 커피 재배에 이용되고 있는 탓에 정작 케냐 사람들이 먹을 식량을 자급하기가 어려웠다. 자국민이 먹을 식량은 수입하면서 외국인들이 마실 커피를 생산하느라 농민들은 허리가 휠 지경이었다. 모리스는 결정하기가 쉽지 않았다. 더 나은 일거리를 찾아 떠나려고 해도 커피 재배 말고는 다른 기술이 없었다.

저녁 식사를 마친 다음 모리스는 샤워를 하고 깨끗한 셔츠로 갈아입었다. 거울 앞에서 옷매무새를 가다듬고는 이를 드러내 씩 웃는 연습을 해 보았다. 오늘 밤, 자신의 결심을 미래의 아내에게 털어놓을 작정이었다. 모리스는 농장을 떠나는 쪽보다 일으켜 세우는 쪽으로 마음이 기울었다. 다음 경영회의 때 농장 경영주에게 스타벅스의 생산자 지원 프로그램을 도입하자고 제안할 생각이다. 그러면 공정 무역 루트를 통하지 않더라도 원두를 더 나은 가격에 판매할 수 있을 것이다. 품질이 좋은 커피를 생산할 수 있는 방법을 체계적으로 연구하고, 필요하다면 관광객을 상대로 농장 체험 프로그램을 유치할 수도 있을 것이다. 이런 결정을 그녀가 이해하고 함께해 주기를……. 모리스는 떨리는 마음으로 숙소를 나섰다.

혜지는 스타벅스의 푹신한 소파에 파묻혀 올해 계획을 작성해 나갔다. 스타벅스 쿠폰으로 교환한 오렌지색 다이어리에 올해 계획이 빼

곡하게 들어찼다. 올해는 학교를 휴학하고 어학연수를 다녀올 예정이다. 혜지는 아프리카로 어학연수를 갈 생각이었다. 어학연수도 중요하지만, 평소에 꿈꾸던 아프리카 여행을 겸할 수 있을 것 같아서였다. 남아프리카공화국에 체류하면서 어학연수를 하고, 2~3개월 시간을 내 케냐나 탄자니아, 잠비아 등의 주변국을 여행할 계획이다. 사막 투어나 번지점프를 즐길 수도 있을 것이다. 아니면? 혜지는 벽에 붙어 있는 포스터에 눈길이 갔다. 포스터 속의 청년이 혜지를 향해 하얀 이를 드러내며 웃고 있었다. 운이 좋으면 케냐의 커피 농장에서 워크 캠프를 할 수 있을지도 모른다. 혜지는 수첩의 마지막 칸에 케냐의 커피 농장을 적어 넣었다. 그러고 나니 저도 모르게 가슴이 뛰었다. 막연하게 꿈꾸던 어학연수가 이제야 현실로 다가왔다.

혜지는 마지막 한 모금의 커피를 마시고 자리에서 일어났다. 아르바이트에 늦지 않으려면 서둘러야 했다. 일회용 컵을 반납대에 놓고 나오면서 혜지는 지구 반대편 어디선가 스타벅스 커피를 재배하고 있을 누군가를 떠올렸다. 누구든 나의 소비가 그에게 도움이 되기를. 혜지는 옷깃을 여미며 빠른 걸음으로 스타벅스 매장을 나섰다.

석유 재벌, 커피 빈민

커피는 전 세계에서 하루에 22억 잔이 넘게 소비되는 기호 식품이에요. 독특한 향과 맛으로 전 세계인의 입맛을 사로잡은 커피는 석유 다음으로 거래가 많은 품목이지요. 커피와 관련된 일에 종사하는 사

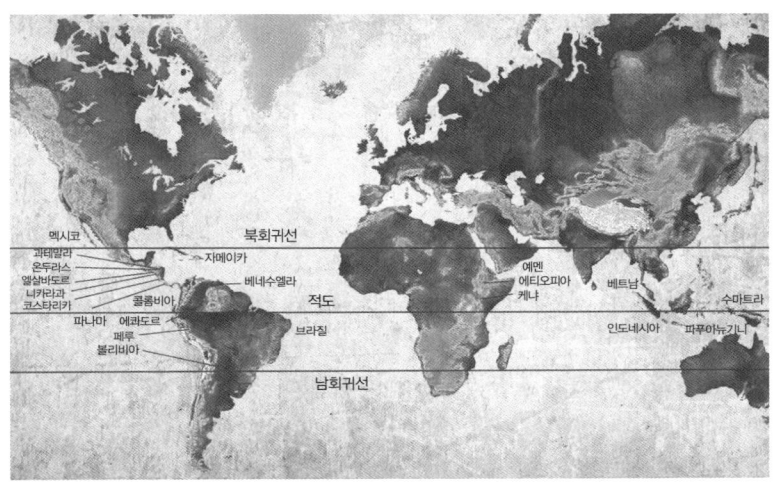

커피를 재배하는 나라들은 대부분 적도를 중심으로 남위 23.27분, 북위 23.27분 사이의 열대아열대 기후에 속한다. 마치 벨트 모양처럼 위치하고 있어 커피 벨트 또는 커피 존이라고 한다.

람만 50여개국에 약 2천만 명이 된다고 해요. 그런데 석유를 생산하는 나라 중에는 부자 나라가 많지만, 커피를 생산하는 나라는 그렇지 않아요. 석유 생산국에 석유 재벌이 있다면 커피 생산국에는 커피 빈민이 있을 뿐이지요. 왜 그럴까요?

커피는 생산량의 90퍼센트 이상을 브라질, 콜롬비아, 베트남 같은 저개발국가에서 재배하고 있어요. 하지만 소비는 주로 유럽이나 미국, 캐나다 등 선진국에서 이뤄지지요. 저개발국가의 커피 농장에서 일하는 노동자들은 하루 종일 일해도 커피 한 잔을 사 마시기 어려울 정도로 적은 임금을 받아요. 파키스탄에서 축구공을 꿰매는 노동자가 한 달 동안 일해도 그 축구공을 살 수 없는 것처럼 말이지요.

커피를 팔아서 얻는 수익의 대부분은 스타벅스 같은 다국적 커피 기업과 중간상인들에게 돌아간다고 해요. 반면 커피 재배 농가에 돌아가는 수익은 전체의 0.5퍼센트에 불과하지요. 우리가 4천 원짜리 커피 한잔을 마시면 커피 재배 농가에 돌아가는 수익은 고작 20원인 셈이에요. 실제로 에티오피아 커피 재배 농가의 1년 수입은 60달러(약 6만 5천 원)에 불과해요. 일 년 동안 열심히 일해도 4천 원짜리 커피 16잔 사 먹을 돈밖에 벌지 못하는 거예요. 또 커피 농장에서 일하는 노동자들은 대부분 어린이들이지요. 아프리카 케냐의 경우엔 커피 생산 인구의 1/3이 열다섯 살 미만이에요. 이들은 하루 종일 땡볕에서 저임금과 열악한 노동환경에 시달리면서 일을 하고 있답니다.[19]

이런 문제 때문에 공정 무역이 시작되었어요. 공정 무역 커피는 기

커피 생산량의 90퍼센트가 브라질, 콜롬비아, 베트남 같은 저개발국가에서 재배된다. 커피 농장에서 일하는 사람들은 하루 종일 땡볕에서 일해도 커피 한잔 사 마시기 어려운 저임금을 받으며 열악한 노동환경에서 일하고 있다.

업이 커피를 살 때 중간상인을 거치지 않고 커피 생산국 생산조합과 직거래를 통해 커피를 사들이는 무역 방식이에요. 커피의 최저 가격을 보장해 커피 재배 농가에게 정당한 수익을 돌려주자는 취지에서 시작되었지요.

이미 60여 년의 역사를 가지고 있는 공정 무역은 특히 선진국과 저개발국가 사이의 불공정한 거래에서 생기는 빈곤 문제를 해결하기 위해 일어난 국제적인 움직임이에요. 미국에서는 1946년 비영리단체인 텐사우전드빌리지Ten Thousand Villages가 푸에르토리코에서 바느질 자수 제품을 구입하면서 시작되었고, 유럽에서는 1950년대 후반 영국의 비영리단체인 옥스팜이 중국 난민들이 만든 수공예품을 판매하면서 시작되었어요. 커피의 경우는 1988년 네덜란드에서 막스 하벌라르라는 브랜드가 처음으로 시도했어요. 이 브랜드는 커피로는 최초의 공정 무역 상품으로 지금까지도 공정 무역으로 거래되는 상품 가운데 가장 큰 규모를 차지하고 있지요.

공정 무역 커피를 제공하라

공정 무역이 등장한 뒤 소비자들은 커피 관련 기업들도 공정 무역을 해야 한다고 목소리를 높였어요. 커피 한잔 값이 커피 농장의 하루 일당보다 비싼 것은 아무래도 부당한 일이라면서 다국적 커피 기업이 기존보다 비싼 값에 원두를 구입해야 한다고 요구했지요. 그래야 저개발 지역 커피 농장 노동자들에게 조금 더 많은 혜택이 돌아갈 수 있으니까요. 세계적인 커피 전문점 스타벅스도 예외는 아니었어요.

스타벅스는 1971년 교사와 작가 등 3명이 미국 시애틀에 점포를 내면서 시작했어요. 처음에는 커피 전문점이 아니라 로스팅(커피를 볶는 것)한 커피콩을 판매하는 가게였지요. 그러다 1982년, 현재의 스타벅스 회장인 하워드 슐츠가 합류하면서 원두뿐만 아니라 음료를 파는 커피 전문점으로 탈바꿈한 거예요.

하워드 슐츠는 1983년에 이탈리아 밀라노에 갔다가 길가에 늘어선 수많은 에스프레소 바에 깊은 인상을 받았다고 해요. 수많은 사람들이 모여 커피를 마시고 휴식을 취할 수 있는 유럽식 커피숍을 미국에서 시도해 보고 싶었던 것이지요. 이탈리아에서 돌아온 하워드 슐츠는 창업주들에게 커피 원두뿐만 아니라 음료도 함께 판매하는 커피 전문점을 만들자고 설득했어요. 하지만 창업주들은 커피 전문점은 스타벅스의 핵심 사업에서 벗어난 일이라며 반대했지요. 할 수 없이 하워드 슐츠는 1985년 '일 지오날레Il Giornale'라는 이름으로 커피 바 체인 사업을 시작했어요. 그만큼 커피 전문점에 대한 확신이 있었던 것이지요. 그러다 1987년에 스타벅스 창업자들이 하워드 슐츠에게 스타벅스 체인을 팔았고, 하워드 슐츠는 곧 커피 전문점 브랜드를 스타벅스로 통일한 뒤 매장을 늘려 나갔어요. 스타벅스는 체인을 인수한 지 5년 만인 1992년에 165개 점포를 소유한 커피 전문점으로 성장했고, 1996년에는 일본 도쿄에 처음으로 점포를 내 해외로도 규모를 확대했어요.

창업주에게 체인을 인수했던 1987년의 스타벅스는 17개 점포에 매출액이 100만 달러에 불과한 기업이었어요. 하지만 25년이 지난 지금

1971년 미국 시애틀에 문을 연 스타벅스 1호점

은 61개 나라에 19,972개의 점포를 가진 거대 기업으로 성장했지요. 연간 117억 달러의 매출을 올리고 전 세계 15만여 명이 근무하고 있는 스타벅스는 우리나라에도 1999년 이화여대 앞에 첫 점포를 낸 것을 시작으로, 현재 400개 이상의 매장을 운영하고 있습니다.

이렇게 스타벅스가 성장하고 있을 즈음, 미국의 비영리단체인 글로벌익스체인지Global Exchange는 공정 무역 캠페인을 펼치면서 스타벅스를 목표물로 삼았어요. 미국 내 커피 전문점 다섯 개 가운데 하나가 스타벅스일 만큼 스타벅스는 미국 최대 규모의 커피 전문 소매업체였기 때문이지요. 1999년 11월 글로벌익스체인지는 하워드 슐츠 회장에게 스타벅스의 모든 매장에서 공정 무역 커피를 제공하라는 편지를 보냈어요. '스타벅스 캠페인'을 시작한 것이지요. 하지만 처음에 스타벅스는 자신들의 관행을 바꾸려고 하지 않았지요. 글로벌익스체인지가 제시한 공정 무역 커피는 원두의 질을 보장할 수 없고, 소비자들의 요구가 그리 크지 않다면서 말이지요.

글로벌익스체인지는 이번에는 수많은 소비자들에게 편지를 보냈어요. 스타벅스가 공정하게 거래된 커피를 구입하도록 소비자가 나서서 요구하자는 내용이었어요. 마침 2000년 2월에 샌프란시스코 KGO방송국(ABC방송국 지사)의 탐사보도팀이 스타벅스에 커피 원두를 공급하는 과테말라의 농장을 취재했는데, 그곳에서 아동노동이 이루어지고 있음이 밝혀졌어요. 커피 농장에서 일하는 아이들은 믿기 어려울 정도로 낮은 임금을 받으며 일하고 있었어요. 뉴스가 나간 다음 글로벌익스체인지는 본격적으로 지역 시위를 조직했어요.

2000년 2월 14일, 글로벌익스체인지는 스타벅스 주주총회에 참석해 주주들에게 스타벅스가 소비자들이 요구하는 공정한 커피 거래를 받아들여야 한다고 청원했어요. 이에 스타벅스는 소비자들의 요구를 의식해 7만 5천 파운드(약 3만 4천 킬로그램)의 공정 무역 커피를 구입하겠다고 발표했지요. 하지만 글로벌익스체인지는 그 정도는 매장당 30파운드(약 13킬로그램)밖에 안 되는 것으로 한 컵으로 치면 한 방울 수준이라고 꼬집었어요. 그 정도로는 공정 무역을 하고 있다는 인증을 받기 어렵다는 것이었지요.

글로벌익스체인지는 다시 학생, 환경단체, 교회 그리고 시민단체에 편지를 보내 스타벅스가 커피 재배 농가에 최저임금을 지불하고 소비자에게 공정 무역 커피를 제공해야 한다는 자신들의 뜻을 알려 나갔어요. 그리고 스타벅스 매장 앞에서 시위를 벌이고, 많은 지지자들에게 팩스, 엽서, 편지를 통해 스타벅스에 항의해 달라고 부탁했지요.

캠페인이 진행된 지 얼마 지나지 않아 스타벅스는 글로벌익스체인지의 뜻을 받아들이겠다고 발표했어요. 스타벅스의 모든 매장에서 공정 무역 커피를 제공하겠다는 것이었지요. 하지만 글로벌익스체인지는 여기에서 만족하지 않았어요. 스타벅스가 커피 음료는 뺀 매장에서 판매하는 원두에 한해서만 공정 무역 커피를 쓰겠다고 발표했기 때문이지요.

가난한 커피 농가를 살리기 위한 노력

글로벌익스체인지는 스타벅스에 새로운 요구를 했어요. 스타벅스가 공정 무역 인증을 받은 원두만 팔 게 아니라, 공정 무역 원두로 만든 커피 음료까지 팔아야 한다는 것이었지요. 한마디로 소비자가 매장에서 공정 무역 커피를 마실 수 있도록 해 달라는 것이었어요. 또 대학 안에서도 공정 무역 커피를 판매하고 구매량도 늘릴 것을 요구했지요.

스타벅스는 글로벌익스체인지의 요구를 받아들여, 공정 무역 커피 구매량을 꾸준히 늘려 가기로 약속했어요. 실제로 2001년에 110만 파운드(약 50만 킬로그램)의 공정 무역 커피를 구매했던 스타벅스는 2008년에는 1천9백만 파운드(약 862만 킬로그램)를 구매했어요. 공정 무역 커피의 양이 7년 만에 약 18배가 늘어난 것이지요. 이는 전 세계에서 거래된 공정 무역 인증 커피의 10퍼센트를 차지하는 양이며, 미국 스타벅스 매장에서 구매한 양으로만 따져도 미국 내 공정 무역 인증 커피의 20퍼센트에 달하는 양예요.[20]

나아가 스타벅스는 공정 무역 커피뿐 아니라 C.A.F.E 프랙티시즈 Coffee and Farmer Equity Practices 프로그램을 도입해 투명하고 윤리적인 방식으로 커피를 구매하고 있어요. 1998년 국제 환경보호단체인 국제보전협회와 협약을 맺고 친환경적이고 윤리적인 커피 구매 방식을 고민해오다 2004년부터 정식으로 이 프로그램을 도입했지요. 스타벅스는 C.A.F.E 프랙티시즈 프로그램에 따라 커피를 구매할 때 원두의 품질과 거래 투명성, 사회적 책임, 환경보호 등 네 가지 영역에서 200여 가지 절차를 만족시키는 커피를 구매하려고 노력하고 있어요. 이 프로그램은 커피 재배 농가는 물론, 유통업자, 공급업자 모두에게 적용되는 기준으로 제3자가 검증하고 있어요.

스타벅스는 이처럼 C.A.F.E 프랙티시즈와 공정 무역 기구, 그 밖의 외부 감독 시스템을 통과해 인증 받은 커피의 구매량이 2011년에만 86퍼센트에 이른다고 밝히고 있습니다. 전체 커피 구매량 4억 2천8백만 파운드(약 1억 9천4백만 킬로그램) 가운데 3억 6천7백만 파운드(약 1억 6천6백만 킬로그램)가 윤리적으로 구매한 커피인 셈이에요. 스타벅스는 여기에 머물지 않고 2015년까지 모든 커피를 윤리적인 방식으로 구매하겠다고 약속했어요. 이에 따라 2009년 9월부터 한국을 포함한 아시아 태평양 9개 국가에서는 100퍼센트 윤리적인 방식으로 구매한 제품만을 판매하고 있답니다.[21]

이외에도 스타벅스는 커피 농가에 대한 투자도 아끼지 않고 있어요. 커피 농가와 장기간 질 좋은 커피 공급 계약을 맺어 커피를 구매하는 것은 물론, 농가와 지역사회에 자금을 빌려 주는 프로그램도 운영하고 있지요. 2011년에만 1천4백7십만 달러(약 159억 원)를 지원했고, 2015년까지 2천만 달러(약 216억 원)로 확대할 계획을 갖고 있다고 해요. 또 기술지원센터를 세워 기술과 자금을 지원하는 방식으로 커피 재배 농가가 스스로 자립할 수 있도록 돕고 있답니다.[22]

이러한 노력에도 불구하고 2006년에 스타벅스는 또 다시 논란에 휩싸였어요. 에티오피아 정부와 스타벅스 사이에 커피 상표권 등록 문제가 불거진 거예요. 에티오피아는 커피가 수출의 60퍼센트를 차지할 만큼 유명한 커피 수출국이에요. 에티오피아 정부는 자국의 고급 커피를 상표권 등록을 해서 판다면 글로벌 커피 기업으로부터 상표사용료를 받을 수 있을 것이고, 그러면 커피 생산 농가에 더 많은 소득이 돌아갈 거라고 기대했어요. 그래서 미국 특허 기관에 자국에서 생산하는 커피 3종(시다모Sidamo, 하라Harar, 이르가체페Yirgacheffe)에 대한 상표권 등록을 요청했지요. 하지만 스타벅스는 커피 재배 지역의 이름은 상표권에 해당되지 않는다면서 협상을 거부했어요. 만약 에티오피아 정부의 주장을 받아들일 경우 수천만 달러의 상표사용료를 지불해야 했기 때문이지요.

협상이 결렬되자 옥스팜을 포함한 시민단체가 에티오피아 커피 재배 농가를 돕기 위해 캠페인을 벌였어요. 이 캠페인은 세계적인 호응을 얻었지요. 특히 옥스팜은 스타벅스가 1파운드(약 0.45킬로그램)에 0.75달러(약 800원)를 주고 산 커피 원두를 매장에서 26달러(약 2만 8천 원)에 팔고 있다면서 지나치게 폭리를 취한다고 비판했지요. 결국 2007년 에티오피아 정부와 스타벅스는 상표권에 사용료를 지불하지는 않는 대신 에티오피아산 커피 값을 높일 수 있는 유통과 마케팅에 서로 협력하겠다는 내용의 계약을 체결했답니다.

누구보다 앞장서서 공정 무역 커피를 판다고 홍보했던 스타벅스가 2005년 공정 무역 커피 판매와 관련해 새로운 발표를 했다. 한국을 포함한 전 세계 21개국의 매장에서 '오늘의 커피'를 공정 무역 커피로 만들어 판매한다는 것이었다. 스타벅스는 만약 '오늘의 커피'에 공정 무역 커피를 쓰지 않을 경우, 고객이 요구하는 즉시 공정 무역 커피를 제공하겠다고 약속했다.

이에 두 명의 블로거가 '스타벅스 챌린지'를 제안했다. 가까운 스타벅스 매장으로 달려가 오늘의 커피에 공정 무역 커피를 사용하고 있는지 실제로 확인해 보자는 것이었다. 만약 스타벅스가 약속을 지키지 않고 있다면 공정 무역 커피를 달라고 주문했을 때 어떻게 대응하는지 알려 달라는 것이었다. 곧 13개국 300여 명의 소비자가 이 제안을 실행하고 경험담을 올렸다. 그들은 스타벅스의 호언장담과 달리 실제로 공정 무역 커피를 제공하지 않는 경우가 있었다고 밝혔다.[23]

공정 무역, 멀지만 가야할 길

공정 무역 커피가 세상에 나온 지 이제 20년이 넘었어요. 그동안 공정 무역 커피는 여러 시민단체의 노력으로 커피 재배 농가에 이익을 되돌려 주었지요. 국제기구인 세계무역센터협회의 보고서에 따르면, 공정 무역 커피의 성장률은 연간 20~25퍼센트로, 일반 커피(연간 2퍼센트 성장률)에 비해 훨씬 높은 것으로 나타났어요. 이제 공정 무역 커피가 커피 시장의 주류로 자리 잡아가고 있는 셈이지요. 이런 추세라면 2015년에는 전 세계 커피 시장의 20~25퍼센트를 공정 무역 커피가 차지할 것으로 예상하고 있어요. 미국이나 서유럽의 경우에는 이미 공정 무역 커피가 10~40퍼센트를 차지하고 있지요.

공정 무역 커피의 성장은 가난한 커피 재배 농가에게 적지 않은 혜택을 주고 있어요. 커피의 최저 가격을 보장함으로써 재배 농가에 정당한 수익을 돌려주고, 커피 가격과 별도로 지불하는 프리미엄은 생산자조합의 공동 기금으로 조성돼 지역사회 발전에 쓰이고 있지요.

하지만 공정 무역 커피는 그 성과만큼 논란도 적지 않아요. 우선 공정 무역 커피가 커피의 최저 가격을 보장하기는 하지만 기대만큼 커피 재배 농가의 삶을 크게 개선시키지는 못하고 있다는 것이지요. 실제로 커피 생산 비용은 날로 오르는데, 공정 무역 커피 값은 예나 지금이나 별로 오르지 않았다고 해요. 그래서 공정 무역이 더 이상 공정하지 않다고 주장하는 사람들도 있지요. 또 공정 무역으로 커피 재배 농가가 더 가난해지지는 않았지만, 그렇다고 눈에 띄게 나아지지 않았다는 점도 문제예요.

공정 무역 커피의 인증 과정에서도 문제점이 나타나고 있어요. 공정 무역 커피의 가장 큰 수출국인 페루의 커피 농장에서는 여전히 노동 착취가 일어나고 있고, 공정 무역 커피 인증 과정에서 조작이 이뤄지기도 한다는 것이지요. 2006년에 영국 〈파이낸셜 타임스〉의 보도에 따르면 공정 무역 인증을 받은 커피 재배 농가에서 오히려 심각한 임금 착취가 벌어지는 경우도 있다고 해요. 실제로 페루의 법정 최저임금은 하루 16솔(약 5,000원)인데, 커피 농장 노동자들은 숙식이 제공된다는 이유로 10~11솔만 받는 것으로 밝혀졌어요. 커피 농장 노동자들은 자신들이 최저임금보다 적게 받고 일한다는 사실조차 알지 못했지요. 또 캐나다 시민단체의 조사 결과, 세계공정무역협회FLO의 인증을 받은 커피 농장 가운데 20퍼센트가 불법 생산지(보호구역으로 지정된 밀림)에서 커피를 재배하고 있고, 심지어 인증 절차를 거치지 않은 채 인증 마크를 붙인 경우도 있었다고 해요.

마지막으로 다국적 커피 기업들이 공정 무역 커피를 지나치게 마케팅 도구로 활용하고 있다는 지적도 있어요. 실제로 스타벅스는 자체 구매 프로그램 외에 공정 무역으로 인증을 받은 커피는 10퍼센트가 채 안 되는데도 불구하고 마치 모든 커피를 공정 무역으로 인증 받아 판매하는 것처럼 마케팅을 하고 있어요. 오로지 공정 무역 인증 커피만 파는 씽크커피나 공정 무역 커피의 대명사라고 할 수 있는 그린마운틴이 적극적으로 마케팅을 하지 않는 것과 대비되는 일이지요.

이처럼 공정 무역 커피에 대한 여러 가지 논란이 있는 것이 사실이지만, 여전히 공정 무역의 정신은 소중하게 지켜져야 합니다. 공정 무역 커피가 단지 공정한 가격을 지불하는 데 그치지 않고, 커피 농가가 자생할 수 있도록 돕는 등 사람과 환경을 함께 살리는 방식을 추구하기 때문이에요. 앞으로 스타벅스를 비롯한 커피 관련 기업이 커피 인증 과정에서 일어나는 잘못을 줄이고 지나친 마케팅보다는 생산 농가의 지원을 위해 진심으로 노력한다면 공정 무역의 효과는 더욱 커질 것입니다.

잘못된 석유 개발 사업이
부른 참사

셸

"루까, 어서 들어와."

먼저 강물에 뛰어든 친구들이 이름을 불러 댔다. 녀석들은 내기를 앞두고 저마다 자신 있는 방법으로 몸을 풀고 있었다. 이번 수영 시합 코스는 선착장에서 마을 입구의 유정까지, 백 미터 남짓한 거리였다. 몇 해 전까지 강바닥 깊은 층에서 석유를 뽑아내던 유정은 지금 폐쇄된 상태다. 석유가 있나 조사하기 위해 바닥 깊은 곳에 구멍을 내다가 발생한 환경오염과 각종 질병 등 니제르 델타 지역의 문제가 세계적으로 알려지자 다국적기업 셸은 흉물스러운 시설만 남겨 둔 채 철수해 버렸다. 게다가 봉쇄된 유정에서는 아직도 원유가 새어 나와 강물 곳곳에 기름띠를 이루고 있었다. 외지인들은 주민들이 살고 있는 마을 바로 앞에 이런 시설이 있다는 것에 놀라워했다. 그러나 루까와 친구들에겐 혼탁한 강도, 흉물스런 유정도 그저 익숙한 놀이터일 뿐이었다.

루까는 강가에 앉아 물끄러미 친구들을 바라보았다. 수영이라면 누구에게도 뒤지지 않는 루까였지만 지금은 내기를 할 기분이 아니었다. 붉은 기름띠와 한데 뒤엉킨 강물이 밀려와 삐쩍 마른 발목을 적셨다. 아침에 먹은 수프가 잘못됐는지 줄곧 속이 편치 않았다. 하지만 꼭 속이 불편해서 그런 것만은 아니었다. 음식을 먹고 탈나는 일이야 하루이틀도 아니고, 물속에서 정신없이 놀다 보면 까마득히 잊을 수

셸 171

있었다. 루까가 침울한 것은 외삼촌 때문이었다.

토토 외삼촌은 루까가 가장 좋아하는 사람이었다. 어릴 적부터 자주 찾아와 목마를 태워 준 것도, 작년 열세 번째 생일에 멋진 운동화를 선물한 것도 삼촌이었다. 그렇지만 루까는 일 년째 삼촌을 못 봤다. 엄마는 소식이 끊긴 남동생을 몹시 걱정하며 밤마다 기도했다. 근래 '니제르델타해방운동Movement of Emancipation of Niger Delta'의 무력 활동이 유난히 잦았고 많은 젊은이들이 그에 동조하고 있었다. 엄마의 근심도 날로 더해 갔다.

셸은 지난 수십 년 동안 나이지리아에서 원유 채굴 사업을 벌여왔다. 마을에서 석유가 개발된 지는 벌써 50년이 넘었지만, 원주민들에게 돌아온 이익은 하나도 없었다. 그들에게 남겨진 것은 오염된 강물과 흉물스럽게 방치된 유정뿐이었다. 니제르델타해방운동은 이 땅에서 석유로 얻은 이득을 셸과 정부의 고위 관리들이 모두 가져가자, 지역민들에게 정당한 이익과 권리를 찾아 주겠다고 나선 무장단체였다. 그들은 석유 관련 시설을 파괴하고 외국인을 납치해 원하는 협상을 끌어내는 등 매우 공격적인 성향을 가진 단체였다.

어젯밤 오두막으로 찾아온 베티 아줌마는 얼마 전 송유관 폭파 사건에 토토 삼촌이 가담한 것 같다고 나지막이 말했다. 엄마는 숨죽여 흐느꼈다. 마을 소식통인 베티 아줌마는 엄마의 어깨를 쓰다듬으며 위로했다. 루까는 계속 자는 척했지만, 베티 아줌마의 이야기를 하나도 빼놓지 않고 다 들었다. 눈물이 날 것 같았지만 꾹 참았다.

친구들은 결국 루까를 빼고 시합을 벌이기로 한 모양이었다. 나란히 줄지어 떠 있다가 누군가의 출발 신호에 맞춰 요란스레 헤엄치기 시작했다. 루까가 벌떡 일어나 옷을 벗어 던졌다. 가슴이 답답해서 그냥 앉아 있을 수 없었다. 벌거벗은 루까가 서둘러 강물에 뛰어들었다. 친구들을 뒤따라 힘껏 물살을 가르는 루까의 뒤로 끈적끈적한 기름띠가 꼬리처럼 따라붙었다.

해질녘 노을이 붉게 물들었다. 지는 해는 기름기에 절어 채소도 잘 자라지 않는 땅과 더는 마음 놓고 마실 수 없는 강물을 제법 아름답게 물들이고 있었다. 이번 시합에선 물론 루까가 꼴찌였다. 그래도 한바탕 헤엄을 치고 나니 기분이 한결 나아졌다. 루까는 단짝인 삐까오와 강가에 누워 기름기로 미끈거리는 피부를 바람에 말렸다.
"너, 종일 멍하구나. 머리에 새똥이라도 맞았냐?"
삐까오가 팔을 툭 치며 장난을 걸어왔다. 삐까오의 아버지는 니제르델타해방운동을 하다가 재작년에 기름이 흘러나온 송유관이 갑자기 폭발하는 바람에 돌아가셨다. 녀석이라면 이해해 줄 것 같아 루까는 삼촌 이야기를 꺼냈다. 송유관 폭파 사건에 외삼촌이 가담했을지도 모른다고 하자 삐까오는 한마디 한마디 힘주어 말했다.
"삼촌 선택이 옳아. 나는 그렇게라도 우리의 힘을 보여 줘야 한다고 생각해."
루까는 잠자코 듣기만 했다. 켄 사로 위와 할아버지 생각이 났다. 그는 나이지리아의 유명한 시인이자 환경 운동가였고 니제르 델타의 비참한 현실을 세계에 알리기 위해 비폭력 시위로 셸과 정부에 저항했었다. 하지만 결국 정부에 의해 누명을 쓴 채 처형당하고 말았다. 그

때 셸과 정부에 대한 마을 주민들의 분노는 극에 달했다. 분노한 주민들은 셸과 정부에 저항해 폭력과 도둑질을 일삼게 되었다. 한 해에만 수십 건에 달하는 송유관 파괴 절도 사건이 일어났고, 무장 단체들의 납치 총격 사건도 수시로 발생했다. 루까는 한숨을 쉬었다.

"예전에는 이곳에 맹그로브 나무가 울창했잖아. 그런데 석유를 캐내기 위해 땅을 파기 시작하면서 오염된 습지로 변하고 말았어. 이제 더는 농사를 지을 수도, 물고기를 잡을 수도 없어."

"너희 아버지도 여기선 더 이상 물고기를 잡을 수 없어서 돈 벌러 떠난 거잖아."

루까는 고개를 끄덕였다. 마을에는 루까네처럼 더 이상 이곳에서 생업을 이어갈 수 없어 가족들이 뿔뿔이 흩어졌거나 어려움을 겪는 집들이 많았다.

"셸은 여기서 40년 동안이나 석유를 파서 이익을 챙겼으면서 우리한테 아무것도 주지 않았어. 셸이 이런저런 약속을 했다지만 아직 나아진 게 없잖아. 그러니까 누군가 대신 싸워야 해."

삐까오의 말투는 단호했다. 루까는 갑자기 동갑내기 친구가 자신보다 훨씬 어른스럽게 느껴졌다. 생계를 위해 아버지와 떨어져 살고, 오염된 물을 마신 탓에 자주 배탈이 나면서도 루까는 아직까지 주변에서 벌어지는 일에 대해 깊이 고민해 본 적이 없었다.

"잘 모르겠어. 나는 그저 삼촌이 다치지만 않았으면 좋겠어."

그러자 삐까오가 한숨을 쉬었다.

"그래, 네 마음 이해해."

두 소년은 말없이 어두워지는 하늘을 바라보았다.

저녁 식사는 여느 때처럼 강물을 길어다 끓인 물에 마른 나뭇잎 가루를 풀어 만든 죽이었다. 엄마는 죽을 담으면서 오늘 뭘 하고 놀았는지 물었다. 루까는 수영 시합에서 꼴등을 했다고 너스레를 떨었다. 죽 그릇은 금방 바닥을 드러냈고 오두막 분위기는 무겁게 가라앉았다. 루까가 용기를 내 엄마에게 말했다.

"삼촌은 튼튼하잖아. 너무 걱정 마, 엄마."

엄마는 루까를 향해 미소를 지어 주었다.

"그래, 그럴게."

엿들은 걸 혼낼 줄 알았는데 엄마가 개의치 않자 삐까오는 조금 흥분해서 말을 이었다.

"엄마와 내가 잘 지내야 삼촌도 우리를 위해 싸우는 보람이 있을 거야."

엄마가 천천히 수저를 내려놓았다.

"니제르델타해방운동이 우리를 위한 것이라고 생각하니?"

"응. 가만히 있으면 아무도 우리 말을 들어주지 않으니, 그들이 나선 거잖아."

엄마는 아들에게 어떻게 물으면 좋을지 궁리했다. 어떤 답이든 스스로 찾게 해 주고 싶었다.

"그래. 제자리에서 중얼거리는 소리는 멀리 퍼지지 못하지. 하지만 그들은 송유관에 구멍을 뚫어 빼돌린 기름을 암시장에 내다 팔고, 외국인들을 납치해서 돈을 뜯어내고 있어. 이 방법이 과연 옳은 걸까?"

"좀 과하긴 하지만, 무장 활동을 하려면 돈이 필요하잖아. 무기도 사야하고, 식량도 필요하고."

"아들, 그들이 정말 저항 활동만을 위해 그런 끔찍한 일을 벌이는 걸까?"

엄마의 얼굴이 어두워졌다. 루까는 입을 다문 채 눈을 깜빡였다.

"그럼 어떻게 해? 켄 사로 위와 할아버지처럼 하자는 거야? 그 방법은 이미 실패했잖아."

루까의 대꾸에 엄마는 순간 말문이 막혔다.

"비록 그분이 누명을 쓰고 처형당했지만 실패한 건 아니야. 그 뜻을 이어받은 사람들이 여전히 운동을 펼치고 있고, 세계 여러 단체들이 힘을 합쳐 셸에게서 많은 변화를 이끌어 냈으니까. 하지만 폭력을 앞세운 이들에겐 아무도 도움을 주지 않아."

"엄마, 그렇지만……."

루까는 뭐라 반박하고 싶었다. 하지만 여러 생각들이 맴돌 뿐 정리가 잘 되지 않았다. 삐까오의 얘기도, 엄마의 얘기도 모두 일리가 있었다. 루까는 가만히 엄마를 바라보았다. 엄마는 부드러운 몸짓으로 아들을 향해 두 팔을 벌렸다. 자리에서 일어난 루까가 걸어갔다. 어느새 엄마만큼 훌쩍 자란 아들이 오히려 엄마를 안아 주었다.

셸이 만든 지옥, 나이지리아 오고니

아프리카 나이지리아의 니제르 델타 지역은 빽빽한 숲과 농경지로 이루어진 곳이에요. 이 지역은 세계 최대 산유국인 나이지리아에서도 석유가 가장 많이 나는 지역이지요. 환경단체 그린피스에 따르면

1982년에서 1992년 사이에 셸이 전 세계에서 유출한 석유의 1/3이 이 지역에서 나왔다고 합니다.

니제르 델타 지역에는 예로부터 약 50만 명에 이르는 오고니Ogoni 족이 살고 있었어요. 셸과 오고니 족의 악연은 1958년에 셸이 이 지역에서 석유를 생산하면서부터 시작되었어요.

셸은 네덜란드와 영국이 합작한 에너지 기업이에요. 1907년 2월에 영국의 셸운송무역회사와 네덜란드의 로열더치석유회사가 합병해 '로열더치셸그룹Royal Dutch/Shell Group of Companies'을 세웠지요. 회사의 주요 사업은 석유와 가스 탐사, 생산, 운송 판매, 대체 에너지 개발, 석유화학 제품의 생산 따위에요. 셸은 세계 140개국 이상에 진출해 있으며, 미국 텍사스 주 휴스턴에 있는 자회사 '셸오일컴퍼니Shell Oil Company'가 가장 중요한 사업체이지요.

다국적기업 셸은 일찌감치 나이지리아에 진출해 나이지리아 국영

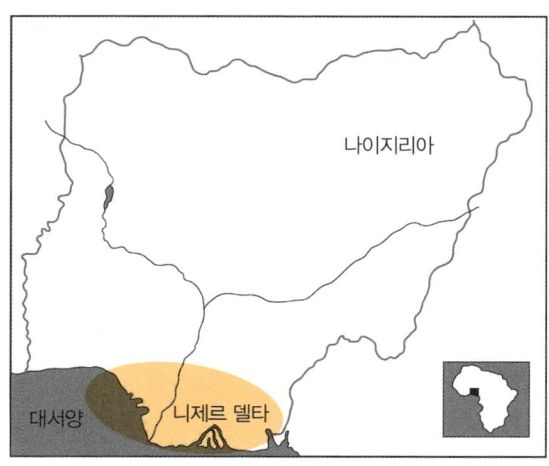

나이지리아 니제르 델타 지역

석유회사와 컨소시엄(특정 사업을 수행하기 위한 협력단)을 구성해 석유 채굴 사업을 시작했어요. 하지만 나이지리아의 국영석유회사와 셸은 석유를 캐내는 데에만 관심이 있을 뿐 석유 생산 과정에서 나오는 독성 폐기물을 처리하고 원유 유출을 막는 데는 신경 쓰지 않았어요. 환경오염이 심각했는데도 말이에요. 주민들은 대기오염과 수질오염, 산성비로 인한 피부병, 호흡계 질환, 암, 신경계 질환, 출산 장애 등의 질병에 시달렸지요. 2011년 4월, 유엔환경계획UNEP은 원유 유출에 따른 니제르 델타 지역의 오염을 정화하는 데는 30년이 걸릴 거라고 발표했어요. 그리고 초기 정화 비용만도 10억 달러(약 1조 원)가 들 것이라고 경고했지요. 주민들은 이런 이유로 셸shell을 헬hell(지옥)이라고 불렀답니다.

"우리는 아무것도 없습니다. 깨끗한 물도 없고, 전기 시설이나 학교, 병원도 없고 교통수단도 없어요. 셸과 정부는 많은 약속을 했지만 지난 30년 동안 지킨 것은 아무것도 없어요. 저 강물이 보이나요? 원래는 아주 깨끗한 물이었지만, 지금은 바닷물처럼 짜요. 우리는 이 물에서 목욕을 하고 이 물을 화장실로 이용하고 또 이 물을 먹고 있어요. 이제 더 이상 큰 물고기도 잡히지 않아서 물고기를 팔아서 생계를 유지할 수도 없어요. 정부에게 요구하라고요? 모르는 소리 하지 마세요. 군대를 끌고 와서 우리에게 총을 쏠 수도 있는 정부를 어떻게 믿어요?"[24]

사정이 이러한데도 나이지리아 정부는 주민들을 위한 안전 기준을 마련하기는커녕 오히려 군대를 동원해 셸의 석유 생산과 폐기물 처리를 도왔어요. 1960년에 영국에서 독립한 나이지리아 군사정부는 재정 수입의 80퍼센트를 석유 수출에 의존했고 셸로부터 막대한 수입을 거둬들이고 있었어요. 결과적으로 셸이 뒤에서 군사정부를 지원하고 있었던 셈이지요. 석유 개발에서 나오는 이익은 모조리 군사정부와 소수의 사람들에게 돌아갔고, 석유 개발로 삶이 나아질 것이라고 기대했던 지역 주민들의 삶은 점점 더 피폐해졌어요. 이런 현실을 대변하듯 나이지리아의 소수민족인 오고니 족의 구전 가요에는 이런 내용이 있답니다. "셸의 불꽃은 지옥의 불꽃, 그 불빛 아래서 몸을 녹이네. 모두 말라죽고 우리에게 남은 건 없네. 저주받은 무관심, 저주받은 셸."[25]

켄 사로 위와의 죽음

보다 못해 저항이 시작되었어요. 1992년 켄 사로 위와를 대표로 하는 '오고니주민들의생존을위한운동MOSOP'이 셸과 정부를 향해 대규모 저항운동을 시작한 것이지요. 켄 사로 위와는 아프리카에서 가장 높은 시청률을 기록한 드라마 제작자이자 시인이었는데, 그는 비폭력 단체를 이끌며 정부와 셸의 석유 생산에 반대했어요. 켄 사로 위와는 셸의 석유 생산으로 지역 주민들이 권리를 박탈당했다고 주장했어요. 또한 농경지와 어업 구역이 기름으로 오염되었을 뿐 아니라, 셸이 석유 생산업으로 얻은 이익을 지역 주민과 나누지 않는다고 비판했지요.

정부는 주민들의 저항에 되려 추방과 검거로 맞섰어요. 1993년 1월 4일, 대대적인 저항운동이 벌어졌지만 군사정부는 군대까지 동원해 강경 진압에 나섰어요. 750여 명의 사망자가 발생했고 3만여 명이 부상을 당했지요. 하지만 주민들은 더욱 더 강력하게 저항했고, 이 사실이 알려지자 셸에 대한 국제적인 불매운동이 일어났어요. 셸은 할 수 없이 오고니 족이 살고 있는 지역에서만큼은 석유 생산을 중단할 수밖에 없었지요. 물론 나이지리아의 다른 지역에서는 여전히 석유 생산을 하고 있었고요.

1994년, 4명의 오고니 부족장들이 의문의 살인을 당하는 사건이 일어났어요. 군사정부는 켄 사로 위와를 살인 용의자로 지목했어요. 켄 사로 위와는 동료 8명과 함께 1995년 11월 군사 법정에서 사형을 선고 받고 교수형에 처해졌지요. 한마디로 군사정부가 그에게 살인 누명을 뒤집어씌워 죽인 거예요. 켄 사로 위와를 체포할 때 셸이 군사정부에 헬기를 제공한 사실이 드러나 이 사건과 무관하지 않다는 눈총을 받았지요.

국제사회는 켄 사로 위와의 처형에 분노했어요. 한국의 환경단체인 환경운동연합도 성명서를 발표했지요. "셸, 영국석유 등 다국적 석유회사들은 나이지리아 군사 독재 정부와 결탁해 인권을 억압하고 환경을 파괴한 데 대해 사과해야 합니다. 또 오고니 족의 인권을 보호하고 환경 복구를 위해 최선을 다해야 합니다."

미국의 환경단체인 시에라클럽도 켄 사로 위와의 처형에 분노해 셸에 대한 불매운동을 벌이기로 결정했어요. 시에라클럽은 금광 개발로 미국 서부의 산림이 훼손되는 것을 막기 위해 1892년에 만들어진 아주 오랜 역사를 가진 단체에요. 원래 불매운동을 주요 수단으로 하는 단체가 아닌데도 셸에 반대해 불매운동에 나섰지요. 그들은 불매운

나이지리아 정부는 셸에 대한 국민들의 저항운동에 군대를 동원해 강경 진압했다. 게다가 저항운동의 지도자 켄 사로 위와를 처형했다. 이 사실이 알려지자 전 세계 곳곳에서 셸에 대한 불매운동이 일어났다.

동을 하게 된 이유를 이렇게 설명했어요. "우리는 나이지리아에서 세계 최대 규모의 석유를 채굴하는 자들이 이러한 행위를 해서는 안 된다는 것을 알게 할 책임을 가지고 있습니다. 우리의 불매운동은 이러한 메시지를 전달하기 위한 것입니다." 시에라클럽은 미국 주재 나이지리아 대사관 앞에서 촛불 밤샘 집회를 열었고, 셸 주유소 앞에서 피켓 시위를 했어요. 불매운동을 촉구하는 엽서 캠페인도 벌였지요. 그 뒤 셸이 나이지리아의 인권과 건강, 안전과 환경을 위해 적절한 지원을 하겠다는 의사를 밝혔음에도 시에라클럽은 불매운동을 멈추지 않았어요. 셸의 말과 행동이 일치하지 않는다는 이유에서였지요.

급기야 불매운동은 그린피스와 휴먼라이츠워치Human Rights Watch, 국제앰네스티 등의 참여로 전 세계로 퍼져 나갔어요. 미국을 포함한 많은 나라들이 나이지리아에 항의하는 뜻으로 자기 나라의 대사를 본국으로 불러들였지요. 명망가들의 참여도 이어졌어요. 영화배우이자 코미디언인 빌 코스비, 영화배우이자 감독인 대니 글로버 등이 운동에 함께해 사람들의 눈길을 끌었어요. 또 뉴욕의 사라 로렌스 대학 학생들도 불매운동에 동참했고, 미국의 노동조합들은 불매운동은 물론이고 셸이 발급한 신용카드도 잘라 버리자고 호소했어요.

이런 노력의 결과로 1995년 셸은 다국적기업감시단체Multinational Monitor가 발표한 '10대 악덕 기업' 가운데 1위를 차지하는 불명예를 안았어요. 그리고 처형당한 이들의 유족이 제기한 소송에서도 켄 사로 위와의 처형에 일부 책임이 있음을 인정하고 유족들에 대한 위로금과 지역 개발 기금으로 1,550만 달러(약 200억 원)를 배상해야 했지요.

보도 지역에 쏟아진 기름

2008년에는 나이지리아 니제르 델타의 보도Bodo 지역에서 수천 배럴의 기름이 유출되는 사건이 일어났어요. 셸이 운영하는 송유관에서 4개월 사이에 두 건의 기름 유출 사고가 발생한 거예요. 이 사고로 보도의 주민 6만 9천여 명이 사는 땅과 물이 오염되었지요.

이 기름 유출 사고로 보도 만의 풍부했던 어족 자원이 큰 피해를 입었어요. 잡힌 물고기에서는 석유 냄새가 났고, 기름으로 오염된 땅은 농사를 지을 수도 없게 되었어요. 물과 땅이 오염되자 식량 가격이 폭등했고, 농사와 어업으로 생계를 이어가던 주민들은 다른 일자리를 찾아 고향을 떠나야 했지요. 참다못한 주민들은 셸에게 땅을 되살리기 위한 비용과 생계비를 보상하라고 요구했어요. 그러나 셸은 모르쇠로 일관했지요. 셸이 주민들에게 지원한 것은 쌀과 콩, 토마토와 설탕이 전부였어요. 2011년 3/4분기에만 72억 달러의 이익을 낸 기업이 피해 주민들에게 지불한 보상이기라고 하기에는 너무나 보잘것없는 것이었어요.[26]

보도 주민들은 2011년 영국 법원에 소송을 제기했어요. 그해 8월, 셸은 송유관의 노화 때문에 일어난 기름 유출이라는 것을 일부 인정했고, 지역 주민과 합의하는 것은 나이지리아 법에 따라 진행하겠다고 했어요. 이는 셸로부터 재정적 도움을 받고 있는 나이지리아 정부의 힘에 기대 배상액을 조금이나마 덜어 보려는 속셈이었지요.

셸은 기름 유출의 주요 원인은 셸의 영업을 방해하기 위해 고의로 기물을 파손했기 때문이라고 주장했어요. 나이지리아 정부는 한 술

더 떠 기름 유출 방제 작업을 하기 위한 재원이 부족하고 유출을 확인할 수 있는 기술도 없다면서 원인 파악과 대책 마련에 소극적인 자세를 보였어요. 하지만 이는 셸과의 관계를 악화시키고 싶지 않은 군사 정부의 핑계에 불과했어요.

국제앰네스티와 환경인권개발센터CEHRD는 셸이 기름 유출 사고의 원인을 파악하는 데 주력하기보다 자기들이 원인 파악에 노력하고 있다는 사실을 홍보하는 데 더 많은 투자를 한다며 비난했지요. 또 셸의 조사가 투명하게 공개되지 않고 있고 전적으로 셸이 주도해서 이루어지고 있기 때문에 조사 결과도 믿을 수 없다고 했어요. 두 단체는 곧 워싱턴의 한 리서치 회사에 기름 유출 지점에 대한 사진과 비디오 판독을 요청했어요. 그 결과 기름 유출이 송유관의 부식에 의한 것이며, 유출 정도가 예상보다 훨씬 심각한 것으로 드러났어요.

국제앰네스티는 기름 유출이 셸의 관리 소홀로 일어난 것임을 인정

. . . .
나이지리아 보도 지역의 기름 유출 사고 현장

하라고 요구했습니다. 그리고 피해자들에게 배상하고 오염된 땅과 물을 정화하기 위해 유엔환경계획이 산정한 10억 달러를 전액 제공하라고 요구했지요. 이 요구는 전 세계 국제앰네스티 지부의 서명운동으로 번져 나갔습니다.

지역사회와 함께 살기 위한 고민을 시작하다

지역 주민의 소송이 잇따르고 비정부국제기구의 압박이 이어지자 셸도 더 이상은 버틸 수가 없었어요. 셸은 그제야 지역사회와 함께 살기 위한 방법을 고민하기 시작했어요. 2011년 셸은 〈지속 가능 보고서〉에 지역사회와 공생하기 위해 노력하겠다는 약속을 담았지요. "우리는 지역사회에 일자리를 만들고 지역 경제를 발전시킬 수 있습니다. 또 우리의 운영으로 문제가 발생할 수 있다는 사실을 알고 있습니다. 그래서 우리의 이익을 지역사회와 나누고 문제를 해결하도록 노력할 것입니다." 그리고 셸은 구체적으로 어떤 노력을 할 것인지에 대해 다음과 같은 정책을 내놓았어요.

• 셸의 경영 활동과 관련된 의사 결정에 지역사회의 의견을 반영하겠습니다.
• 원주민의 전통적인 삶을 보존하고, 지역사회 정착을 위한 국제 규범과 필수적인 요구 사항을 준수하겠습니다.
• 새로운 프로젝트를 진행하고 시설을 확장할 때는 지역사회와 긴밀

히 협의하겠습니다.
- 지역사회 대표로 구성된 자문회의를 운영하겠습니다.
- 이익을 지역사회에 환원하기 위해 노력하겠습니다.

이러한 내용을 실행하기 위해 셸은 2011년 지역개발을 위한 GMoU를 체결했어요. GMoU는 셸과 나이지리아의 여러 지역사회 단체들이 맺은 계약으로, 셸이 지원한 돈을 지역사회 대표들이 주도해서 어떻게 사용할지 결정하도록 하는 내용이지요. 이러한 과정을 거쳐 2011년 말, 약 3만 명 규모의 314개 지역에 셸의 지원금 총 7천8백만 달러(약 800억 원)가 투자되었습니다. 주목할 만한 것은 이 과정에서 몇몇 지역이 스스로 그들만의 의사 결정 과정을 갖게 되었고, 지역 운영을 위한 자금을 모으는 등 자생력을 갖추게 되었다는 사실이에요. 셸은 지역사회에 필요한 기술을 개발하는 과정을 돕기 위해 GMoU에 약속한 것들을 전부 지역사회가 활용할 수 있도록 배려했어요.

이러한 노력으로 지역사회의 인식도 달라져 무장 세력의 위협이 덜한 지역에서는 셸이 기름 유출에 신속하게 대응할 수 있도록 협조했지요. 그 결과 셸이 기름 유출 사고에 신속히 대응할 수 있게 되었고, 이전에 유출된 기름을 제거하는 작업도 속도를 낼 수 있었어요. 2011년 초반 기름 유출로 인한 조치가 필요한 401개 지역 가운데 300개 이상에 조치가 취해졌지요. 또 셸은 낡은 파이프라인 때문에 일어나는 기름 유출을 줄이기 위해 3년 동안 400킬로미터에 이르는 파이프라인을 교체하는 작업도 진행했어요. 또 석유 유출 정책을 논의하기 위해 지역사회 지도자, 정부 당국자, 시민사회단체 대표자들과 만남을 가졌고, 주민의 건강에 치명적인 영향을 주는 천연가스의 연소를 줄이기 위해 가스 수집 장치에 대한 투자와 기술을 개발하고 있어요.

사람과 삶을 존중하는 방식의 자원 개발

　오고니 족은 나이지리아의 소수민족이자 선주민이에요. 선주민先住民이란 오랜 시간 한곳에 자리를 잡고 독특한 문화와 생활 방식을 유지해 온 집단을 말하지요. 원주민이나 토착민이라고 부르기도 해요. 국제사회는 특별히 선주민의 권리 보호에 많은 관심을 가지고 있어요. 자원 채굴로 선주민의 삶이 파괴되는 상황이 자주 일어나기 때문이지요.

　국제노동기구ILO는 자원 개발 사업을 할 때 특히 선주민의 재산과 문화, 환경을 보호하기 위해 선주민의 의견을 듣고 협의해서 적절한 조치를 취하도록 하고 있어요. 셸이 나이지리아의 지역사회 대표를 참여시키고, 경영 활동과 관련한 의사 결정을 할 때 지역사회의 의견을 반영하는 것은 이런 국제노동기구의 규정을 준수하겠다는 의지를 표현한 것이지요.

　또 선주민의 권리에 관한 유엔 선언은 선주민의 삶에 영향을 미치는 개발을 할 경우 선주민의 제도와 문화, 전통을 유지하고 선주민의 필요에 따라 개발을 하도록 권고하고 있지요. 실제로 개발을 하다 보면 선주민이 거주지에서 쫓겨나거나 노동에 강제 동원되는 경우가 많아요. 특히 군사정부이거나 내전 지역일 경우, 개발업자가 정부와 결탁해서 주민의 권리를 깡그리 무시해 버리는 경우가 많지요. 따라서 기업이 국제사회의 규범을 준수하는 것은 선주민의 생존권을 보장하기 위해 꼭 필요한 일입니다.

셸의 사례에서 보듯 기업이 이러한 규범을 준수하지 않으면 피해를 당한 주민이 시위를 하거나 법원의 판결을 통해 문제를 해결해야 해요. 그렇게 되면 인명 피해를 입거나 정치적으로 탄압을 받을 가능성이 높아지지요. 나이지리아의 오고니 족 역시 시위 과정에서 많은 사람이 피해를 입었고, 켄 사로 위와 같은 지도자를 잃었어요. 자원 개발 기업은 이러한 불행을 예방하기 위해서 국제 규범을 꼭 지켜야 합니다. 아울러 이미 피해를 입은 지역사회를 복원하고, 주민의 권리를 회복하기 위한 절차와 방법도 마련해야겠지요. 따라서 셸의 가장 큰 사회적 책임은 국제사회가 요구하는 대로 기름 유출 지역을 정화하고 개발 이익을 지역사회에 돌려주는 것이에요.

자원 개발은 자원을 가진 사람들이 더욱 가난해지는 방식이 아니라, 지역 주민의 삶을 존중하는 방식으로 이루어져야 해요. 이것이 자원을 개발해 먹고사는 기업들의 궁극적 책무입니다.

채굴 산업 투명성 조치

자원은 한정되어 있기 때문에 이미 개발된 지역보다는 아직 사람의 손길이 미치지 않은 미개발지에서 이루어지는 경우가 많다. 이러한 자원 개발은 대부분 선진국 기업이 주도하게 된다. 하지만 아프리카의 대다수 나라는 풍부한 자원을 가지고 있으면서도 여전히 가난에서 벗어나지 못하고 있다. 자원 개발의 이익이 그 지역에 재투자되거나 공정하게 분배되지 않고 고스란히 선진국으로 옮겨가기 때문이다.

이런 상황을 개선하기 위해 만들어진 것이 '채굴 산업 투명성 조치 Extractive Industries Transparency Initiative'이다. 채굴 산업 투명성 조치는 천연자원을 통해 얻어지는 이익을 투명하게 공개하자는 국제 기준이다. 채굴 과정에서 선진국의 자원 개발 회사들이 지출한 내역을 투명하게 공개하고 그 돈을 받은 저개발국 정부의 수입 내역 또한 공개하자는 것이다. 이는 자원 개발 이익이 일부 고위층이나 군부에 의해 독점되는 것을 막고 지역사회에 골고루 돌아가도록 하기 위한 것이다. 채굴 산업 투명성 조치는 국제앰네스티 같은 단체와 유엔, G20(주요 20개국 정상들의 회의), 경제협력개발기구 등의 지지를 받고 있다.

이 조치는 자원을 가진 나라의 재정 투명성을 요구하는 조치이기 때문에 자원 개발 기업의 사회적 책임을 강조하기보다는 자원을 가진 저개발국가의 부패를 방지하기 위한 목적이 더 크다. 그렇다 하더라도 개발에 대한 혜택을 지역사회가 볼 수 있다는 점에서 의미가 있다. 최소한 지역사회 주민은 개발 이익이 어디로 흘러 들어가는지 알 수 있고, 정부에 개발 이익을 제대로 분배하라고 요구할 수 있기 때문이다.

콜라를 만들기 위해
식수를 훔치다

코카콜라

바람 한 점 없는 오후였다. 그늘에서 손 부채질만 하고 있어도 땀에 젖은 셔츠가 등에 달라붙었다. 란초는 폭염 속에서 벌써 30분째 누군가를 기다리고 있었다. 골목의 담벼락이 드리워 주는 그늘은 9학년에서 열 손가락 안에 드는 란초의 덩치를 온전히 가려 주지 못했다. 아무리 벽에 가까이 붙어도 한쪽 어깨와 등이 고스란히 볕에 드러났다. 등으로 내리쪼이는 따가운 햇살을 맞으며 란초는 집에 가고 싶은 생각이 간절했다. 하지만 오늘은 꼭 쪽지를 건네야 했다. 그러지 않으면 내일 있을 발표 준비도 못할 테고, 잠 못 이루고 뒤척이다 또 지각을 할 게 뻔했다. 지각을 하면 어김없이 화장실 청소를 해야 한다. 지저분한 화장실의 낙서를 솔로 문지르는 장면은 상상만 해도 끔찍했다.

란초는 그늘에 두었던 페트병을 집어 들고 뚜껑을 땄다. 팟! 응축된 이산화탄소가 빠져나오는 소리는 언제 들어도 청량했다. 란초는 콜라를 벌컥벌컥 들이켰다. 조금 미지근해졌지만 역시 더울 때 마시는 콜라는 최고였다. 톡 쏘는 특유의 콜라 맛은 물이나 주스 따위가 따라올 수 없었다. 얼마 전에 콜라에서 살충제 성분이 검출되었다는 뉴스를 본 적이 있지만, 란초는 아랑곳하지 않았다. 하루에 두어 병씩 마시는 음료가 몸에 그리 큰 문제가 될까 싶었고, 그런 식으로 따지면 마음 놓고 먹을 수 있는 음식이 하나도 없을 거라고 생각했기 때문이다. 게다가 콜라는 포기하기엔 너무 맛있었다. 란초는 500밀리리터 콜라를 남김없이 비우고 나서야 병에서 입을 뗐다. 누군지 몰라도 콜라를 발명한 사람은 천재가 아닐까 싶었다. 그때 란초의 눈이 커다래졌다. 드디어 기다리던 소녀가 모습을 드러낸 것이다. 피아였다.

피아는 텔레비전에 나오는 아이돌 스타처럼 단박에 눈길을 사로잡는 소녀는 아니었다. 오히려 얼굴에 주근깨가 많고, 차림새도 수수했다. 석 달 전 피아가 시골에서 전학 왔을 때만 해도 란초는 피아에게 별 관심이 없었다. 그저 친구들과 몰려다니기에 바빴다. 하지만 언제부턴가 피아의 존재가 신경 쓰였다. 그사이 자신에게 무슨 일이 벌어진 건지, 어쩌다 숨어서 피아를 기다리게 된 건지 잘 알 수가 없었다.

피아를 보자 란초의 가슴이 어김없이 뛰기 시작했다. 하지만 오늘도 허탕을 칠 게 뻔했다. 피아는 혼자가 아니었다. 친구들과 재잘거리며 교문을 빠져나오는 것을 보니 함께 발표 준비를 하려는 모양이다. 지금 피아에게 쪽지를 건넨다면 두고두고 놀림거리가 될 게 뻔했다. 란초는 한숨을 푹 쉬었다. 멀어져 가는 피아 일행을 눈으로 쫓던 란초는 힘없이 엉덩이를 털고 일어났다. 가방 속의 쪽지는 언제쯤 빛을 볼 수 있을는지. 스스로도 설명할 수 없는 갈증에 란초는 콜라가 진열된 가게로 달려갔다.

별안간 눈앞이 번쩍이는 통에 란초는 깜짝 놀랐다. 딴생각에 빠져 컵에 물을 넘치도록 따르다 엄마한테 꿀밤을 맞은 것이다.

"요 녀석아, 정신 차려. 물 한 모금 마음껏 못 마시는 사람들도 있는데."

엄마의 꾸지람에 평소 같으면 '물을 못 마시면 콜라를 마시면 되지'

라고 대꾸했을 란초였지만, 오늘은 그럴 기분이 아니었다. 란초는 조용히 식탁에서 일어났다.

"잘 먹었습니다."

시무룩한 란초의 대꾸에 아빠가 힐끔 곁눈질을 했다.

란초는 자기 방으로 돌아와 침대에 드러누웠다. 내일 있을 발표 준비를 해야 하는데, 도무지 책상 앞에 앉을 마음이 나지 않았다. 눈을 감으면 피아의 미소와 말투, 허리를 꼿꼿하게 펴고 앉은 뒷모습이 자꾸 아른거렸다. 피아는 볼수록 매력적인 아이였다. 아마 누구에게나 친절하고 자기 의견을 또박또박 밝힐 줄 아는 야무진 성격 때문일 것이다. 덩치 크고 무뚝뚝한 란초에서 먼저 말을 건넨 것도 피아였다. 란초는 한숨을 푹 쉬며 베개에 얼굴을 파묻었다.

"란초, 너 용돈 떨어질 때가 된 것 같은데."

아빠였다. 아빠는 란초와 얘기를 하고 싶으면 늘 그런 식으로 말문을 열었다. 란초는 오늘만큼은 혼자 있고 싶었지만 곧 일어나 앉았다. 지방에서 근무하는 아빠와 대화를 나눌 수 있는 시간은 많아야 한 달에 두어 번이었다. 란초는 오랜만에 아빠에게 속내를 털어놓았다.

"그래서, 발표 내용을 그 애가 살다온 곳으로 정한 거야?"

란초는 고개를 끄덕였다.

"녀석하고는."

아빠가 두툼한 손으로 란초의 머리를 마구 헝클어뜨렸다.

사회 선생님이 내 준 과제는 우리 고장 외에 인도의 다른 지역에 대해 조사해 오라는 것이었다. 란초는 델리 근교의 신도시인 구르가온에 살았다. 신도시에 사는 중산층 아이들은 대개 인도의 수도 델리에 대해 조사하기로 한 듯했다. 하지만 란초는 피아의 고향 '플라치마다'에 대해 조사해 볼 생각이었다. 전에는 관심도 없던 남동부의 조그만 지역이었다.

"플라치마다라……. 아빠가 힌트 하나 줄까?"

생각해 보니 아빠가 근무하는 곳은 플라치마다에서 그리 멀지 않은 알웨이 지역이었다. 란초는 고개를 끄덕였다.

"요즘 그곳은 코카콜라 공장 때문에 몸살을 앓고 있어. 들어봤니?"

란초는 고개를 가로저었다. 들어본 것 같기도 하고 아닌 것 같기도 했다.

"농약 성분 콜라는 알지?"

"아! 그 공장이 거기에?"

란초는 그제야 감이 왔다.

"그래. 인도에서 가장 큰 코카콜라 공장이 거기 있어. 플라치마다에 대해서 조사할 거면 코카콜라 공장 얘기를 하는 것도 좋을 것 같다. 그러면 피아가 굉장히 공감할 것 같은데?"

란초의 표정이 별안간 밝아졌다. 아빠는 의미심장한 미소를 짓고는 아들의 등을 두드려 주었다. 아빠가 나가고 나서야 란초는 용돈 얘기를 빼먹었다는 사실을 떠올렸지만, 지금은 '플라치마다와 코카콜라'에 대해 조사하는 게 더 급했다. 늘 남의 숙제를 베끼기에 바쁜 란초였지만 오늘만큼은 늦게까지 발표 준비를 해도 피곤한 줄 몰랐다.

란초는 심호흡을 하고 교실을 둘러보았다. 칠판에 '플라치마다에서 생긴 일'이라고 쓰고 돌아섰을 때, 피아와 눈이 마주쳤다. 피아는 기대감을 가지고 란초를 바라보았다. 란초는 떨리는 가슴을 진정시키고 준비한 자료를 차근차근 읽어 나갔다.

플라치마다 지역은 원래 지하수가 풍부한 한적한 시골 마을이었다. 그러나 지금은 물이 부족하고 큰소리가 끊이지 않는 곳이 되고 말았다. 다 코카콜라 공장 때문이다. 코카콜라 공장이 들어서고 나서 물이 급격하게 줄고, 공장 주변의 토양에서 납과 카드뮴 같은 중금속 물질이 검출되었다. 주민들은 농사일을 접고 공장 가동을 중단하라며 시위를 벌였다. 공장 가동이 멈춘 지 일 년이 넘었지만 아직 공장 바로 옆에 있는 마을 우물에서는 악취가 나고 물이 끈적끈적해져서 식수로 사용할 수가 없었다. 하지만 법원은 물 부족의 직접적인 원인은 공장이 아니라 강수량 때문이라는 판결을 내렸다. 일시적으로 생산을 멈추었던 공장이 언제 다시 가동될지 알 수 없는 상황이었다.

"저는 코카콜라를 무척 좋아해요. 물 대신 콜라만 마시고도 살 수 있을 것 같아요. 하지만 코카콜라가 인도에 들어와서 많은 사람들이 물 때문에 갈증을 느낀다면 곤란하지 않을까요?"

란초는 힘주어 말하고 발표를 마쳤다. 아이들이 진지한 얼굴로 고개를 끄덕였다. 발표는 성공적이었다.

쉬는 시간에 피아가 란초에게 다가왔다.

"네가 그런 문제에 관심이 있는 줄 몰랐어."

피아의 말투는 어느 때보다 따뜻했다.

"고마워, 피아. 다 네 덕분이야."

"뭐? 내 덕?"

피아가 반문하자 란초는 얼굴이 빨개졌다.

"아냐. 아무것도. 발표 잘 들어줘서 고맙다고."

란초가 얼버무리자 피아가 진지한 얼굴로 말했다.

"그런 의미에서 란초, 너 나랑 캠페인 같이 해 보지 않을래?"

알고 보니 피아는 코카콜라와 다른 기업들이 벌이고 있는 생수 사업의 문제점을 알리는 캠페인을 준비하고 있었다. 피아 말에 따르면 농약 콜라 때문에 인도 전역에서 시위가 일어나도 도시의 중산층은 극빈층의 물 문제에 별로 관심이 없다고 했다. 실제로 구르가온의 쇼핑센터에서는 여전히 콜라가 불티나게 팔리고 있었다.

"우리 고향 플라치마다에서는 물을 구하기 위해 하루에 2킬로미터씩 걸어 다녀야 했어. 가뭄으로 마실 물도 부족한데 콜라 공장이다 생수 사업이다 해서 마구잡이로 지하수를 뽑아 올리는 기업들 때문에 말이야."

피아는 그런 기업들의 실태를 바로 알리는 캠페인이 필요하다고 했다. 란초는 망설였다. 피아가 좋긴 해도, 그렇게까지 해야 할지 판단이 서지 않았다.

"콜라는 90퍼센트가 물이야. 그런데 코카콜라 공장에서 콜라를 만들기 위해 지역 주민이 마실 물조차 끌어다 쓰고 있어. 물이 풍족할 땐 몰라도 요즘처럼 부족할 땐 지역 주민을 먼저 배려해야 하는 것 아닐까?"

란초는 피아의 말을 가만히 듣고 있었다. 누구보다 콜라를 좋아하는 란초였지만, 적어도 물 때문에 고통 받는 인도인은 없었으면 좋겠다는 생각이 더 컸다. 란초가 천천히 고개를 끄덕이자 피아는 어느 때보다 환한 미소를 지어 보였다.

코카콜라는 자양 강장제

아마 지구에 살면서 코카콜라를 모르는 사람은 흔치 않을 거예요. 코카콜라는 전 세계 200여 나라에서 하루에만 18억 잔을 파는 음료 회사의 대명사이지요. 지금 이 순간에도 1분에 125만 개, 1초에 2만 1천여 개의 코카콜라 제품이 소비되고 있답니다. 전 세계 인구가 70억 정도이니 네 명 가운데 한 명은 매일 코카콜라가 만든 음료수를 마시고 있는 셈이지요. 전 세계적으로 한 사람이 1년에 평균 92잔을 마시고, 가장 많이 마시는 멕시코에서는 무려 728잔을 마신다고 해요.

이처럼 세계인이 즐겨 마시는 콜라를 처음 만든 사람은 미국 애틀랜타의 약사 존 팸버튼이에요. 그는 미국 남북전쟁 당시 남군의 기병대로 전쟁에 참가했는데, 알다시피 남부는 전쟁에서 패했지요. 팸버

1902년 코카콜라 포스터. 일을 하다 피곤할 때면 코카콜라를 마시라고 권하고 있다.

튼이 전쟁에서 돌아왔을 때 그의 고향 애틀랜타도 쑥대밭이 되어 있었어요. 팸버튼 또래의 남자들은 고향으로 돌아와 재건 사업에 힘을 쏟았지만 패전의 충격에다 힘든 재건 사업까지 하느라 병들어 쓰러지는 사람이 많았다고 해요. 약사였던 팸버튼은 사람들에게 기운을 불어넣어 줄 수 있는 약을 만들고 싶었지요. 그래서 1886년에 코카나무 잎과 콜라나무 열매의 추출물에다가 설탕과 탄산, 물 따위를 섞어서 음료수를 만들었답니다. 일종의 자양 강장제였지요. 팸버튼의 동업자였던 프랭크 로빈슨은 원액 가운데 가장 독특한 성분인 코카Coca 잎과 콜라Kola 열매의 이름을 따서 새 음료수 이름을 '코카콜라'라고 지었어요.[27]

사업 초기에 코카콜라는 음료수라기보다는 약품 취급을 받았습니다. 콜라를 마신 다음 두통이 사라졌다는 사람들이 많았지요. 1888년에 아서 캔들러가 팸버튼에게 2,300달러를 주고 코카콜라 사업권을 사들였는데, 그도 코카콜라를 마시고 나서 고질적인 만성 두통에서 벗어난 사람이었어요. 그도 그럴 것이 초기의 코카콜라에는 코카나무 열매에서 나오는 코카인이 들어 있었어요. 코카인에는 환각 효과가 있어서 적은 양을 쓰면 피로 회복과 가벼운 통증을 덜어 주지요. 하지만 1800년대 말, 미국에서 환각 작용을 일으키는 약물을 판매 금지해야 한다는 여론이 일자 캔들러는 코카콜라에서 코카인 성분을 빼 버렸어요. 그런데 그 뒤에도 오랫동안 '코카콜라에는 마약이 들어 있어 중독성이 강하다'는 소문이 돌았지요.[28]

코카콜라의 유해성 논란은 끊이지 않았어요. 콜라에 들어가는 설탕이 비만의 원인이라는 이유로 세계 여러 나라의 학교에서 코카콜라를 팔지 못하도록 했지요. 또 콜라의 카페인 성분이 아이들 몸속에 들어가면 정서 불안이나 두통, 불면증 등을 일으켜서 커피나 차보다 위험하다는 의견도 있었어요. 실제로 콜라의 톡 쏘는 맛을 내는 인산 성분은 칼슘 섭취를 방해하고 체내의 칼슘을 녹아내리게 하는 것으로 나타났지요. 미국 콜로라도 대학 수전 존슨 교수는 미국인 75퍼센트가 칼슘 부족으로 골다공증에 시달리는데, 가장 큰 원인이 콜라 따위를 지나치게 많이 마시기 때문이라고 주장했어요. 하버드대 생체통계학자인 그레이스 와이샥 교수팀은 탄산음료를 즐겨먹는 학생이 그렇지 않은 학생보다 뼈가 부러지는 골절 경험이 세 배 정도 높다는 연구 결과를 발표하기도 했지요.[29]

코카콜라의 유해성 논란은 급기야 법정 소송으로까지 이어졌어요. 비만, 당뇨, 충치, 위장 질환 등 콜라를 먹고 나서 건강을 해쳤다며 미국을 포함한 유럽, 러시아, 중국 등 여러 나라에서 코카콜라를 상대로 손해배상 소송이 일어났지요. 한국에서도 30년 동안 매일 코카콜라를 한 병 이상 마신 결과 치아가 상했다며 소송을 제기한 사람이 있었는데, 결국 코카콜라의 배상 책임은 인정되지 않았답니다.

인도의 농약 콜라

2000년대 들어서 코카콜라는 인도에서 또 한 번 논란의 중심에 서게 됐어요. 2003년 8월 인도의 과학환경센터가 수도인 델리에서 팔리는 청량음료 36개 제품에 대해 살충제 잔류 농약 조사를 했어요. 그 결과 코카콜라와 펩시 등에서 유럽의 허용 기준치보다 34배나 많은 살충제 잔류 농약이 검출되었어요. 과학환경센터는 미국에서 만든 제품도 함께 검사했는데, 미국 제품에서는 농약 성분이 검출되지 않았어요.

과학환경센터는 2006년 8월에도 음료수의 농약 성분을 조사했어요. 이번에는 범위를 좀 더 넓혀 인도 12개 주의 코카콜라와 펩시 제조 공장 25곳에서 만든 57개 음료를 대상으로 했지요. 그 결과 3년 전과 같이 여전히 기준치를 훨씬 웃도는 살충제 잔류 농약이 검출되었어요. 그것도 3~6가지 종류의 다양한 살충제 성분이 발견되었지요. 발암물질로 알려진 린덴 살충제의 평균 함유량은 기준치보다 54배나 많았어요. 심지어 인도 콜카타 지역에서 만든 코카콜라에서는 140배나 높게 나왔어요. 또 신경 유독 물질인 클로르피리포스 농약의 평균 함유량은 기준치보다 47배가 많았고, 뭄바이 지역에서 만든 코카콜라에서는 200배나 많이 나왔습니다. 인도에서 금지된 헵타클로르라는 살충제도 전체 조사 대상 음료의 71퍼센트에서 검출되었지요.[30]

당시 코카콜라와 펩시는 인도 전체 청량음료 시장의 60퍼센트를 차지하고 있었어요. 사람들이 매일 마시는 청량음료에 이렇게 많은 양의 살충제 잔류 농약이 들어 있다는 사실에 인도인들은 경악했지요. 그때부터 코카콜라를 농약 콜라, 킬러Killer 콜라라고 부르면서 인도 전역에서 콜라 불매운동이 일어났습니다.

하지만 코카콜라와 펩시는 과학환경센터의 조사 결과를 인정하지 않았어요. 품질과 순도에 전혀 문제가 없으며 절대적으로 안전하다고 반박했지요. "우리는 인도에서 판매하는 음료의 순도를 유럽연합의 조건에 맞춰 계속 감시해왔습니다. 정기적으로 미국 연구소와 영국 정부 소속 연구소에 샘플을 보내 검사를 해왔기 때문에 코카콜라는 안전합니다." 그들은 오히려 과학환경센터의 조사를 믿을 수 없다면서 센터의 연구 능력에 의문을 제기했어요.[31]

이에 인도 정부는 2003년과 2006년에 재조사를 실시합니다. 2003년에 12개 샘플을 조사한 결과 9개에서 살충제 성분이 나왔지만, 유럽연합 기준보다 1.6~5.2배 정도 높은 수준에 그쳤다고 발표했어요. 또 2006년에는 과학환경센터의 조사 방식에 다소 문제가 있고 오류가 많다며 과학환경센터의 조사 결과는 근거가 없다고 발표했지요. 그렇지만 시민단체들은 인도 정부의 말을 믿지 않았어요. 인도 정부가 미국 정부의 경제적 압박에 못 이겨 음료업체의 손을 들어 준 것이라고 비난했지요.

그렇다면 왜 인도에서 판매되는 콜라에서 살충제와 농약이 검출되었을까요? 과학환경센터와 코카콜라는 농약 검출량에 대해서는 의견을 달리했지만, 콜라에서 농약이 검출되는 이유에 대해서는 의견이 같았어요. 바로 지하수였지요. 농약 콜라가 만들어진 이유는 제조 과정의 문제라기보다는 음료수를 만드는 데 사용한 '오염된 지하수'에 있다는 것이에요.

그럼 왜 지하수가 오염되었을까요? 1960~1970년대에 인도에서는 이른바 녹색혁명이 일어났어요. 농업의 생산성을 높이기 위해 고품종 씨앗을 보급하고 화학비료와 농약을 무차별적으로 사용하는 여러 농업 개혁들이 시도되었지요. 이후 인도 농민들은 대부분 농약에 의존해 농사를 지었어요. 그래서 토양과 지하수가 오염되었고, 오염된 지하수를 무분별하게 사용하다 보니 농약 콜라가 만들어지게 된 것이지요.

물 도둑 파문

농약 콜라 논란과 함께 인도에서 코카콜라가 거센 저항을 받은 이유는 지하수 고갈 때문이었어요. 콜라의 90퍼센트는 물로 되어 있어요. 물에 콜라 농축액을 섞어 코카콜라를 만들지요. 코카콜라 공장이 들어서면서 물을 많이 쓰게 되었고, 이 때문에 농업용수와 식수로 사용하던 지하수가 고갈돼 주민들의 삶까지 위협받게 된 거예요.

주민들은 코카콜라 공장이 들어서기 전에는 물이 부족하지 않았는데, 공장이 들어서고 나서 물이 부족해졌다고 주장했어요. 특히 지하수 고갈로 농토가 황폐해지고 농작물 수확이 줄어들면서, 공장 주변에 사는 농부들의 삶이 어려워졌지요. 물이 부족하다 보니 농사를 짓기 위해 우물을 더 깊이 파야 하고, 그러려면 더 힘이 센 펌프를 구입해야 하니 농사 비용도 늘어났어요. 가축에게 물을 충분히 먹일 수 없어서 우유 생산도 힘들어졌지요. 주민들은 먼 길을 걸어가서 식수를 길어 와야 했고, 아이들도 물을 길러 가는 날에는 학교를 빠지기 일쑤였어요. 특히 라자스탄 주의 칼라데라, 케랄라 주의 플라치마다, 그리고 우타르 프라데시 주의 메디간지 등 세 곳이 문제였어요.

주민들이 쓸 물이 부족해지자 인도의 시민단체 인도자원센터는 코카콜라 공장이 자리한 지역의 지하수 수위를 조사하기 시작했어요.

2004년에 문을 닫은 케랄라 주의 플라치마다 코카콜라 공장

칼라데라 지역을 조사한 결과, 지하수 고갈의 원인이 코카콜라 공장 때문이라는 결론을 얻었지요. 이 지역의 지하수 수위는 코카콜라 공장이 들어서기 전에는 10년 동안 약 3.9미터 정도 낮아졌는데, 공장이 들어서고 난 뒤 10년 동안은 25.4미터나 낮아졌어요. 인도자원센터는 코카콜라가 2004년에만 2,830억 리터의 물을 쓴 물 도둑의 주범이라고 지목했어요. 그정도면 세계 인구가 열흘 동안 쓸 수 있고, 마실 물이 부족한 전 세계 10억 명 이상의 사람들이 47일 동안 쓸 수 있다고 비판했지요.

이런 이유로 공장 주변에 사는 주민들은 지하수 고갈의 주범인 코카콜라 공장을 폐쇄하고 가뭄이 드는 지역에는 공장을 세우지 말라고 요구했어요. 인도 정부와 법원도 코카콜라를 압박하기 시작했지요. 인도의 7개 주는 청량음료 판매를 제한했고 공장에 생산 중단 명령을 내렸어요. 인도 대법원은 콜라 성분을 공개할 것을 요구했지요. 급기야 케랄라 주의 플라치마다 공장은 2004년에 주정부에 의해 폐쇄되기까지 했습니다.

인도의 농약 콜라와 물 도둑 파문은 전 세계로 퍼져 나갔어요. 미국과 영국 등 외국의 시민단체와 노조, 대학들이 코카콜라에 항의하는 운동을 시작했지요. 특히 코카콜라를 즐겨 마시는 수많은 대학생들이 불매운동에 동참했어요. 사정이 다급해지자 코카콜라는 "인도의 물 부족 문제는 코카콜라 공장의 문제가 아니라 가뭄과 많은 지하수를 끌어다 쓰는 인도 농업의 문제입니다. 코카콜라는 물을 효율적으로 쓰고 있으며, 빗물이 자연 하천으로 그냥 흘러들어가지 않게 저장시설을 설치해 빗물을 모으고 지하수를 풍부하게 유지하기 위해 노력하고 있습니다"라며 항변했어요. 하지만 코카콜라에 대한 비난은 좀처럼 사그라들지 않았지요.

물 부족은 코카콜라 탓인가

그즈음 미국의 미시건 대학에서 곤경에 처한 코카콜라에게 제안을 했어요. 인도 코카콜라 공장 문제의 원인과 해결 방안을 찾기 위해 조사를 하자는 것이었지요. 미시건 대학은 인도에서의 문제로 학교 안에서 코카콜라를 팔지 않던 대학이었어요. 코카콜라는 이 제안을 받아들여 비영리 민간 연구소인 인도의 에너지자원연구소The Energy and Resoources Institute에 부탁해 인도 코카콜라 공장에 대한 조사와 평가를 실시했어요.

곧 인도의 코카콜라 공장 50여 개 가운데 6개 공장에 대해 조사가 이루어졌지요. 물 부족 문제로 극심한 갈등을 겪었던 3개 지역 가운데 하나인 칼라데라 지역 공장이 포함되었어요. 칼라데라는 코카콜라가 2000년에 공장을 가동하기 전부터 이미 자연적으로 채워지는 양보다 채취하는 양이 더 많아서 중앙정부가 지하수를 너무 많이 채취하고 있다고 경고한 지역이었어요. 그래프를 보면, 1990년도부터 2010년까지 지난 20여 년 동안 이 지역의 지하수 수위가 9미터에서 38미터로 낮아진 것을 알 수 있어요.

또 1984년에서 1996년까지 지하수 수위가 1년에 0.5미터 정도 낮아졌다면, 1996년부터 2006년 사이에는 1.4미터씩 낮아지고 있어 지하수가 빠르게 마르고 있다는 것을 알 수 있습니다. 2006년 이후에는 더욱 가파르게 수위가 낮아지고 있지요. 한마디로 물을 많이 쓰는 코카콜라 같은 기업이 물 부족을 겪을 가능성이 매우 높은 지역에 무분별하게 진출했다는 비판을 피하기 어렵게 된 셈이지요.

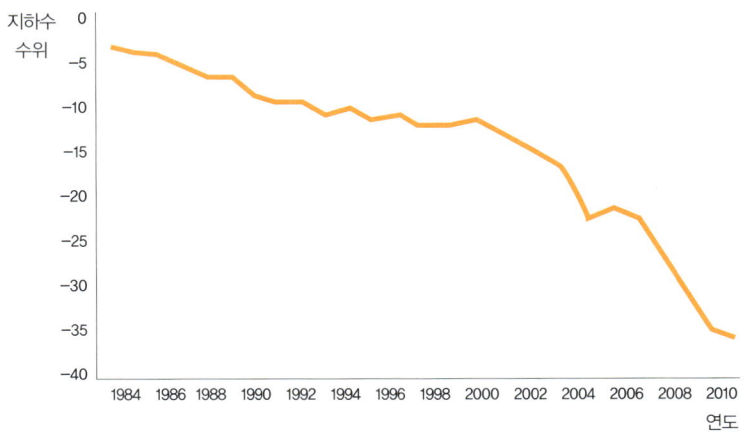

라자스탄 주 칼라데라 지역의 연도별 지하수 수위 변화

코카콜라는 이 사실을 어느 정도 인정했어요. "우리는 다양한 허가 요건을 갖춰 주 정부의 승인을 받았습니다. 하지만 과도한 지하수 채취가 지역사회에 문제를 일으킬 수 있다는 점에 대해선 정보가 부족했습니다."[32]

그러나 에너지자원연구소가 파악한 지하수 고갈의 원인은 사람들의 예상과는 조금 달랐지요. 대부분 가뭄이 원인일 것이라고 예상했는데 결과는 그렇지 않았어요. 에너지자원연구소는 지난 25년간 칼라데라 공장 지역에 여덟 번의 가뭄이 있었는데, 모두 예년과 비슷한 수준이었지 특별히 심각하지는 않았다고 했어요. 오히려 물이 부족한 진짜 원인은 인구 증가와 도시화, 그리고 지하수 채취를 위한 무분별한 착정(깊이 30미터부터 300미터까지 땅을 파서 파이프를 넣은 깊은 우물을 파는 것)에 있다고 결론지었어요. 인구가 늘어나고 도시화가 진행되면서 물이 많이 필요해졌고, 농업과 산업 목적으로 지나치게 우물을 깊이 판 탓에 지하수가 더욱 말라갔다는 것이지요.

칼라데라 지역은 도시화가 이뤄지고 있지만 여전히 농업이 중심인 지역이에요. 에너지자원연구소의 조사에 따르면 이 지역에서 연간 약 500억 리터의 지하수가 채취되는데, 그중 91퍼센트가 농업에 쓰이는 것으로 나타났어요. 이에 비해 가정용과 산업용으로 사용되는 물은 고작 9퍼센트에 불과했지요. 코카콜라는 초기에 이 지역에서 100미터 깊이의 대형 우물 네 개를 파서 0.4퍼센트에 달하는 지하수를 쓴 것으로 밝혀졌어요. 전체에서 차지하는 비중은 아주 작은 것이었지요. 따라서 칼라델라 지역에 물이 부족한 것은 농민들이 무분별하게 농업용수를 사용해서이지 코카콜라 탓이 아니라고 에너지자원연구소는 주장했어요.

　에너지자원연구소의 조사 결과에 시민단체들은 반발하고 나섰어요. "우리는 에너지자원연구소의 결과를 믿을 수 없습니다. 에너지자원연구소는 코카콜라의 후원을 받고 있고 물 부족 조사 당시에도 이미 코카콜라로부터 두 건의 프로젝트를 주문 받아 진행하고 있었습니다. 게다가 연구소 이사회 이사 가운데 한 사람은 인도 코카콜라 감사위원회 위원으로 활동하고 있습니다. 에너지자원연구소는 공정한 조사를 할 수 있는 객관적이고 독립적인 위치에 있지 않습니다. 실제로 코카콜라는 에너지자원연구소의 조사 당시 영업 비밀이라면서 환경영향 평가 자료를 공개하지 않았습니다. 우리는 이런 상황에서 실시한 조사 결과를 믿을 수 없습니다." 시민단체들은 조사 결과가 공정하지 못할 뿐 아니라, 코카콜라가 물 부족 지역에 대한 고려 없이 무분별하게 진출한 것이라고 비판했지요.

코카콜라의 물 관리 정책

　인도에서 크게 홍역을 치른 코카콜라는 이윽고 기업의 사회적 책임을 전면에 내세우게 되었어요. 지역사회를 고려해 지속 가능한 환경을 만드는 데 더욱 노력하겠다고 밝힌 것이지요. 코카콜라는 먼저 조직을 개편해 환경수자원부를 새로 만들고 부사장을 책임자로 임명했어요. 본사의 고위 임원이 책임지고 물 관리 정책을 실행할 수 있도록 한 것이지요.

조직 개편과 함께, 코카콜라는 네 가지 방향의 물 관리 정책을 약속합니다. 4대 전략은 보충Replenish, 절감Reduce, 재활용Recycle, 위험관리Risk예요.

첫째, 코카콜라는 2020년까지 제품을 만드는 데 쓴 물만큼 지역사회와 자연에 되돌려 주는 물 보충 프로그램을 진행하고 있습니다(보충). 나무를 원료로 해서 제품을 만드는 유한킴벌리가 사막화가 진행되는 지역에 나무를 심는 것처럼, 쓴 만큼 물을 되돌려 주는 계획을 세운 것이지요. 코카콜라의 〈지속 가능 보고서〉에 따르면 물 보충 계획은 2011년까지 약 35퍼센트 정도 이루어졌다고 해요. 1년간 콜라 생산에 쓴 물의 약 35퍼센트 정도를 다양한 방식(빗물 저장 시설, 소규모 댐, 연못 조성, 안전한 식수 공급 시설 설치 등)으로 지역사회와 자연에 되돌려 준 것이지요.

둘째, 제품을 만드는 데 필요한 물을 줄이기 위해 노력하고 있습니다(절감). 코카콜라는 2005년에 1리터짜리 제품을 만드는 데 물 2.61리터 쓰던 것을 2011년에는 2.16리터로 줄였다고 밝혔어요. 인도에서

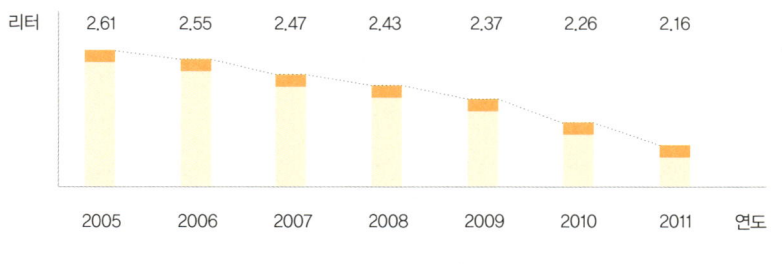

코카콜라 제품 1리터당 필요한 물 사용량 변화

(2011~2012 〈지속 가능 보고서〉, 코카콜라)

는 10년 전에 코카콜라 1리터당 4리터의 물을 썼다면, 최근에는 1리터당 2리터로 줄였다고 해요. 특히 병을 씻을 때 물을 많이 쓰기 때문에 유리병 대신 플라스틱 병을 사용하고 있습니다.

셋째, 폐수를 관리하고 있습니다(재활용). 물속에 사는 생물에 피해가 가지 않는 수준의 폐수 수질을 유지하기 위해 새로운 폐수 처리 기준을 정했어요. 그리고 모든 공장에서 이를 지키도록 관리 감독하고 있지요. 코카콜라는 2011년까지 약 96퍼센트 정도 목표를 달성했다고 밝혔습니다.

넷째, 공장 주변 수자원에 대한 위험성 평가를 진행하고 있습니다(위험관리). 공장 주변 수자원의 양과 질을 평가하는 것은 물론이고 주변 지역 수자원까지 평가하고 있습니다. 2011년까지 코카콜라로부터 원액을 공급받아 코카콜라를 제조하는 보틀링 공장 863개 중 612개에 대한 평가를 완료했다고 합니다.

계속되는 논란

하지만 논란은 멈추지 않았습니다. 인도의 에너지자원연구소는 칼라데라의 코카콜라 공장에게 다음과 같은 네 가지 방안을 제안했어요. 첫째, 물이 부족하지 않은 지하수층에서 물을 끌어오는 방안, 둘째, 물 부족이 심각하지 않는 계절에 물을 저장하는 방안, 셋째, 물이 풍부한 지역으로 공장을 이전하는 방안, 그리고 마지막으로 공장을 폐쇄하는 방안이었지요. 하지만 코카콜라는 한 가지도 받아들이지 않았어요. 자기들은 물 관리를 완벽하게 하고 있다면서 말이에요.

"코카콜라 공장이 사용하는 물은 칼라데라 지역의 전체 사용량에 비하면 매우 적습니다. 우리는 지하수에 많은 영향을 주고 있지 않아요. 게다가 빗물 저장 시설을 설치해서 사용하는 물의 15배를 지하수로 돌려주고 있습니다. 우리는 수자원에 대한 사회적 책임을 충분히 실천하고 있습니다."

하지만 사람들은 코카콜라의 이러한 태도를 그린워시Greenwash라고 비난합니다. 그린워시는 Green과 Whitewash의 합성어로 보통 '녹색 분칠'로 옮깁니다. 기업이 실제로는 환경에 나쁜 영향을 끼치는 제품을 생산하면서 광고 등을 통해 친환경적인 이미지를 내세우는 행위를 말하지요. 코카콜라가 물을 위해, 환경을 위해 노력하고 있는 것처럼 이야기하지만, 실제는 그렇지 않은 것처럼요.

칼라데라 지역에서 농사짓는 데 물을 가장 많은 것이 쓰는 것은 사실이에요. 하지만 농업에 종사하는 사람 수와 코카콜라 공장에서 일하는 사람 수를 비교하면 코카콜라가 쓸 수 있는 물의 양은 0.15퍼센트밖에 되지 않아요. 그런데 이미 코카콜라는 0.2~1퍼센트 가까이 쓰고 있으니 결코 적은 것이 아니지요.

게다가 주 정부는 물 사용의 우선순위를 식수, 농업, 전력 다음 산업에 두고 있어요. 주민들에게 먼저 충분한 물을 공급한 다음에 농업과 전력에 쓰고 마지막으로 코카콜라와 같은 산업 용수에 써야 한다는 말이지요. 물이 풍족할 때는 덜하겠지만, 지금처럼 부족한 때에는 산업용으로 쓰는 코카콜라의 물 사용량을 줄여야 한다는 것이지요.

인도의 시민단체들은 코카콜라의 주장과 달리 빗물 저장 시설도 부실하다고 지적하고 있어요. 빗물로 지하수를 보충하고 있다는 코카콜라의 주장은 그럴싸한 포장에 불과하고 실제로는 물을 모으는 시설이 다 허물어진 상태라는 것이지요. 이런 이유로 인도인들은 코카콜라가 그저 사회적 비난에서 벗어나기 위해 기업의 사회적 책임을 논할 뿐 진심을 다하지 않는다고 비판합니다.

지역 자원 이용에 대한 사회적 승인의 필요성

코카콜라는 수자원 보호에 앞장서는 세계적인 기업이라고 자처하고 있어요. 실제로 세계물포럼의 대표적인 후원자이기도 하며 다양한 물 관리 프로그램을 시행하고 있지요. 하지만 기업의 사회적 책임이라는 눈으로 보면 코카콜라는 지금보다 더 엄격한 기준을 가져야 합니다. 많은 물을 쓰는 기업인만큼 물이 부족한 지역에 무분별하게 진출하는 것을 자제해야겠지요.

물론 코카콜라는 지역사회에 진출할 때 법적·기술적인 요건을 갖추었고 물 사용에 대해서도 승인을 받았다고 말하고 있어요. 하지만 기업이 지역사회의 자원을 이용해 제품을 만들 때는 법적·기술적 승인뿐만 아니라 사회적 승인도 받아야 해요. 특히 법적 규제가 느슨한 저개발국가에 진출할 때는 더더욱 그렇지요. 기업이 법적 요건을 넘어서 지역사회에 미치는 경제적·환경적인 영향을 충분히 고려한 뒤에 진출해야 하는 것입니다.

나아가서는 그 지역의 문화적·사회적 관습도 살펴야 해요. 대를 이어 살아온 주민들의 삶이 무엇보다 중요하니까요. 기업이 진출하는 과정에서 지역사회에 기업 정보를 충실히 제공하고 주민들과 협의하는 것은 물론, 지역 주민이 개발 과정에 참여할 수 있도록 보장해야 하는 것이지요. 특히 코카콜라 같은 기업은 지역 주민의 물 사용에 미치는 영향이 큰 만큼 물이 부족한 지역에 진출할 경우, 지역 주민의 요구를 최대한 반영해야 합니다.

개인이 시민권을 얻는 것처럼 기업은 사회로부터 영업 면허license to operate를 받아 이익을 얻고 있어요. 따라서 개인이 시민권을 유지하기 위해 시민 의식을 가지고 책임을 다하는 것처럼, 기업도 그 지역에서 영업 면허를 유지하기 위해 책임 있게 행동할 필요가 있어요. 기업은 문제를 제기하는 지역사회와 충분히 소통하고 지역사회의 주민들과 합의해 사회적 승인을 받아내는 데 최선을 다해야 합니다. 그래야 법적 정당성을 포함하는 사회적 정당성을 얻을 수 있어요. 기업이 내세우는 법적 승인은 영업을 하기 위한 최소한의 기준일 뿐입니다.

아프리카의 피로
영원한 사랑을 말하다

드비어스

솔로몬은 뜨거운 적도의 태양을 온몸으로 견디며 진흙물이 무릎까지 고인 웅덩이에 웅크리고 있었다. 군데군데 흙으로 쌓아올린 길이 나 있고 웅덩이를 둘러싼 둑 위에 인부들이 손으로 파낸 자갈들이 짐승의 뼈처럼 언덕을 이루고 있었다.

솔로몬은 자갈 더미를 둥근 체에 올려 수면에서 끊임없이 흔들었다. 체를 흔들다가 돌멩이를 집어내고 체를 흔들다가 다시 흙을 버리는 작업을 수없이 반복했다. 그러다 가만히 멈춰 체 안의 내용물을 뚫어지게 바라보았다. 손으로 돌멩이를 살살 치우자 체의 가운데에 우윳빛이 도는 작은 돌 하나가 눈에 띄었다. 다이아몬드다.

다이아몬드를 발견했다고 해서 환성을 지르는 일은 없었다. 그저 낮은 휘파람을 불어 십장을 부르면 그만이었다. 그러면 십장이 느린 걸음으로 다가와 솔로몬의 손에 든 다이아몬드를 건네받았다. 그의 갈색 손바닥 위에서 소금 알갱이처럼 작은 돌멩이가 햇빛을 받아 영롱하게 빛났다. 십장은 작은 돌멩이를 종이에 싸서 주머니에 넣고 만족한 표정으로 자리로 돌아갔다. 솔로몬은 다시 웅덩이에 고개를 파묻고 체를 흔들어 돌멩이를 골라내는 작업을 계속했다. 물에 씻어야 할 자갈은 한없이 널려 있었다.

솔로몬은 자신이 찾은 다이아몬드가 어디로 가는지 정확히 알지 못했다. 아마도 레바논 상인들을 거쳐 런던에 도착한 다음 인도나 뉴욕으로 보내져 세공될 것이다. 분명한 것은 채굴업자, 최초 구매자, 세공업자를 거치면서 다이아몬드의 가치가 어마어마하게 상승한다는 사실이다. 솔로몬이 사는 서아프리카의 시에라리온 지역에서는 다이아몬드 1캐럿이 30~50달러에 팔렸다. 하지만 누군가의 사랑의 징표로 아름답게 세공된 다이아몬드는 1캐럿당 8천 달러에 팔린다고 한다. 솔로몬은 자기도 모르게 한숨을 내쉬었다. 광산 구덩이에서 건져 올린 작은 돌멩이 때문에 너무 많은 사람들이 손을 잃고, 목숨을 잃고, 가족을 잃었다. 솔로몬은 지난 10년이 악몽 같았다.

시에라리온에 내전이 덮치기 전, 솔로몬은 일과를 마치고 아들 디아와 함께 집으로 돌아오는 시간을 좋아했다. 밀림을 개간해 농사를 지으며 살아가는 그에게 유일한 소원은 아들 디아가 행복해지는 것이었다. 솔로몬은 아들이 자기처럼 평범하게 살지 않기를 바랐다. 가난한 아버지는 아들이 공부를 열심히 해서 영국 사람들처럼 의사가 되기를 바랐다. 영민한 아들은 학교를 열심히 다녔고, 아버지의 기대를 제법 채워 주었다. 하지만 내전은 많은 것을 바꿔 놓았다. 어느 날 들이닥친 반군은 한 가장의 소박한 소망을, 그리고 아프리카의 평화로운 일상을 송두리째 짓밟아 버렸다.

솔로몬은 반군이 수도를 점령했던 날을 평생 잊지 못할 것이다. 그 기억은 떼어 내려고 해도 거머리처럼 달라붙어 밤마다 악몽으로 되살아났다. 1999년 1월 6일. 그날은 시에라리온 10년 내전 가운데 가장 참혹한 날이었다. 반군은 총을 난사해 마을을 쑥대밭으로 만들었다. 그들은 그날의 작전을 '생물 절멸 작전'이라고 불렀다. 말 그대로 살아 있는 모든 것을 죽이는 작전. 반군들은 생각도 감정도 없는 좀비처럼 마약에 취해 총을 겨누었다. 광폭한 살인과 사지절단이 아무렇지 않게 행해졌다. 여자들과 아이들도 예외는 아니었다.

반군 지도자 포다이 산코는 오랫동안 독재를 해온 시에라리온 정부에 맞서 혁명연합전선RUF을 결성했다고 주장했다. 반군은 인민을 위해 무장하고, 부를 재분배하겠다고 약속했다. 하지만 아니었다. 시에라리온 내전은 그저 반군들을 위해 벌어진 것이었다. 그들은 시에라리온 국민을 살상하는 데 죄책감을 느끼지 않았고, 대의보다는 다이아몬드 광산의 이권을 놓고 싸웠다.

10년의 내전이 끝나고 인구의 80퍼센트가 난민이 되었다. 수도 외곽에 세워진 난민촌에는 집과 가족을 잃은 사람들, 팔과 다리가 잘린 사람들, 내전은 끝났지만 참혹한 상처를 부둥켜안고 살아가는 사람들로 가득했다.

알파자모 씨 부부는 반군을 피해 밀림에 6개월 동안 숨어 있다가 결국 발각돼 둘 다 팔이 잘렸다. 알루산 콘테 씨도 영문을 모른 채 바나나 숲으로 끌려가 두 팔이 모두 잘렸다. 요리사였던 그는 뭉툭하게 잘린 팔로는 아무것도 할 수가 없어서 이제는 아내와 세 아이의 생계조차 책임지기가 어렵다. 그뿐만이 아니다. 반군에게 희생된 어머니를 풀숲에서 찾아낸 아들도 있었고, 아내의 목이 도끼로 잘리는 순간을 눈앞에서 목격한 남편도 있었다. 반군은 정부에 투표하지 못하게 하려고, 다이아몬드를 캐지 못하게 하려고, 그리고 단순히 겁을 주기 위해서 주민들을 잡아다 팔을 자르는 만행을 저질렀다.

더욱 처참한 것은 그런 만행을 저지른 이들 가운데 많은 수가 소년

병이었다는 사실이다. 7천 명의 소년들이 반군에 납치돼 죽지 않기 위해 총을 들어야 했다. 열두 살밖에 안 된 솔로몬의 아들 디아는 학교에서 돌아오는 길에 반군에 납치돼 소년병이 되었다. 솔로몬은 실성한 사람처럼 아들을 찾아다니다가 다이아몬드 광산에 끌려가 강제 노동을 했다. 그저 시키는 대로 할 수밖에 없었다. 반군에 저항한 사람은 그 자리에서 총살을 당했다. 다이아몬드를 빼돌린 사람도 살아남기 어려웠다. 손이 잘려 나가지 않은 것만으로도 다행이었다.

　반군은 인부들이 채취한 다이아몬드를 팔아 필요한 무기를 구입하고 세력을 확장해 나갔다. 다이아몬드를 판 덕분에 그들은 정부군보다 훨씬 좋은 무기를 구입할 수 있었다. 내전이 길어진 것은 그 때문이었다. 어쩌면 반군이 처음부터 다이아몬드를 욕심부렸던 것은 아닐지도 모른다. 하지만 어느 순간 혁명은 변질되었고, 다이아몬드는 내전의 수단이 아니라 목적이 되었다. 내전이 치열해질수록 시에라리온 국민의 피로 물든 다이아몬드는 전 세계로 밀수출돼 팔려 나갔다. 아프리카 밀림에서 나는 빛나는 돌은 이제 시에라리온 국민에게 축복이 아니라 저주였다.

　결코 끝나지 않을 것 같았던 내전은 2002년이 되어서야 비로소 막을 내렸다. 유엔 서아프리카 평화유지군이 개입해 내전을 종식시켰다. 혁명연합전선은 해체되었고 반군이 차지했던 다이아몬드 광산은 정부 관리로 넘어왔다.

　하지만 내전이 끝나고 집으로 돌아온 아들은 더 이상 예전의 아들이 아니었다. 오늘 아침에도 솔로몬은 마당에 앉아 멍한 눈으로 먼 곳을 바라보는 아들을 외면하고 집을 나섰다. 디아의 눈빛에서는 더 이상 총명함도, 영민함도, 아버지에 대한 전폭적인 신뢰도 찾아볼 수 없었다. 디아는 반군에게 납치된 뒤의 일을 한 번도 입 밖에 꺼내지 않았지만, 솔로몬은 묻지 않아도 알 수 있었다. 디아를 찾아 헤매면서 수많은 소년 병사들이 어떤 일을 겪었는지 직접 목격했던 것이다.

반군은 열 살이 갓 넘은 소년들을 납치해 그들의 손에 총과 도끼를 들려 주었다. 소년들은 야자나무에서 코코넛을 쏘아 떨어뜨리는 것으로 사격 연습을 시작했다. 6주간의 사격 연습이 끝나면 바로 실전에 투입되었다. 도저히 맨 정신으로 총을 겨눌 수 없는 어린 영혼들에게는 마약을 주입했다. 총을 쏘지 못하는 소년들은 가차 없이 총살을 당했다. 솔로몬은 아들의 초점 없는 눈을 바라볼 때마다 지울 수 없는 악몽으로 남아 있는 내전의 흔적을 보았다. 아들은 내전의 가장 큰 피해자이자 동시에 가해자이기도 했다.

여전히 다이아몬드 광산이 밀집한 밀림 지역에는 반군들이 파 놓은 다이아몬드 웅덩이가 남아 있다. 솔로몬은 매일 이곳에 나와 다이아몬드 채취 작업을 한다. 그 대가로 쌀 두 컵과 50센트를 받아 아내와 아들을 먹여 살린다. 채취 작업은 해가 뜰 때부터 해가 질 때까지 계속된다. 점심시간도 없고 휴일도 없었다.

솔로몬은 갈비뼈가 훤히 드러날 정도로 마른 몸에 반바지를 입고 온통 진흙범벅이 된 인부들의 모습을 살폈다. 이제 겨우 열시가 넘었을 뿐인데, 다들 지친 기색이 역력했다. 내전이 끝나고 반군은 흩어졌지만 여전히 다이아몬드를 찾는 인부들 손놀림은 분주했다. 솔로몬은 다시 돌멩이를 골라내는 일로 돌아갔다. 체를 흔들다가 돌멩이를 집어내고 다시 체를 흔드는 작업이 끝없이 반복되었다. 운이 좋으면 다이아몬드를 찾은 대가로 광산주에게 상여금을 받을 수 있을지도 모른다. 그러면 얼마 동안은 아들과 아내를 배불리 먹일 수 있을 것이다.

* 서아프리카 시에라리온에서 벌어진 다이아몬드 잔혹사를 정리해 재구성했습니다.

다이아몬드는 영원하다

　다이아몬드는 땅 속 깊은 곳에서 엄청난 압력을 받아 만들어진 광물입니다. 지구에서 가장 단단한 천연 광물로 알려져 있어서 흔히 변치 않는 사랑을 약속할 때 다이아몬드 반지를 선물하곤 하지요. 하지만 다이아몬드가 이처럼 영원한 사랑을 상징하는 보석으로 비싸게 팔리게 된 것은 그리 오래전 일이 아닙니다. 약 100년 전만 해도 아프리카 원주민들에게 다이아몬드는 그저 작고 반짝이는 돌일 뿐이었지요. 백인들이 이 돌을 찾아 아프리카로 몰려오기 전까지는 말이에요.

　1867년 남아프리카공화국 킴벌리에서 다이아몬드가 발견되었습니다. 그리고 1871년, 남아프리카공화국의 드비어스 형제가 50파운드를 주고 산 케이프 주 북부의 한 농장에서 다이아몬드 광산이 발견되었지요. 드비어스 형제는 이 농장을 되파는 과정에서 이 광산이 영원히 '드비어스 광산'으로 불리기를 원했습니다. 그래서 드비어스란 이름이 남게 되었습니다.

　다이아몬드 기업 드비어스의 창업자는 영국인 세실 로즈입니다. 그는 영국 하트퍼드셔 출신의 목사 아들이었지요. 1870년에 당시 영국의 식민지였던 남아프리카공화국으로 이주해 와서 다이아몬드 사업으로 자수성가한 뒤 케이프 주의 수상까지 지냈습니다. 그는 1871년부터 남아프리카공화국에서 다이아몬드 채굴 산업에 종사하기 시작해, 1888년 킴벌리 지역의 모든 다이아몬드 광산을 소유했고 이를 효과적으로 관리하기 위해 드비어스연합광산회사를 세웠어요. 그 뒤 드비어스는 전 세계 다이아몬드 시장의 80퍼센트를 차지하는 세계에서 가장 큰 다이아몬드 기업으로 성장했습니다.

'다이아몬드는 영원하다 A Diamond is Forever'라는 광고 문구를 들어본 적이 있을 거예요. 일반인들에게 다이아몬드를 영원히 변치 않는 보석으로 인식시켜 준 이 단순하고 명료한 광고 문구는 2000년 〈애드버타이징 에이지 매거진〉으로부터 20세기 최고의 광고 카피로 선정되기도 했지요. 드비어스는 이 광고 문구를 사랑과 결합시켜서 다이아몬드 반지가 약혼이나 결혼 예물로 무수히 팔려 나가게 만들었습니다.

다이아몬드를 영원히 변치 않는 보석으로 인식시켜 준 '다이아몬드는 영원하다'라는 광고.

어떻게든 다이아몬드를 차지하라

아프리카 시에라리온에서 다이아몬드가 발굴되기 시작한 것은 1930년대의 일입니다. 1930년, 영국의 지질학자인 J. D. 폴렛이 시에라리온에서 다이아몬드를 발견했어요. 당시만 해도 시에라리온은 국토 대부분이 아직 개발되지 않은 밀림이었습니다. 주민들은 대부분 밀림에서 농사를 짓고, 자연의 모든 존재 속에는 정령이 깃들어 있다고 믿는 사람들이었지요. 시에라리온 주민들은 다이아몬드가 그렇게 막대한 값어치를 가지고 있는지 몰랐습니다. 그저 다른 돌멩이와 똑같이 취급했지요. 하지만 백인들이 자신들이 돌멩이로 여겼던 것을 찾으려고 여기저기를 파헤치는 모습을 보고 주민들도 차츰 변하기 시작했습니다.

1950년대까지 시에라리온의 다이아몬드 생산은 드비어스연합광산회사의 소유였던 '시에라리온셀렉션트러스트'가 독점했습니다. 시에라리온의 무역과 정치, 상업 활동의 중심지였던 프리타운에는 미국과 유럽에서 온 해방된 노예들이 대부분이었지요. 프리타운Freetown 이라는 이름도 그렇게 해서 생겨난 것입니다. 시에라리온셀렉션트러스트는 프리타운의 행정을 담당하던 영국 정부로부터 98년간 다이아몬드를 채굴할 수 있는 독점적인 채굴권을 얻어 냈어요. 그러나 채굴한 돌의 가치가 알려지자 여기저기서 불법 채굴이 일어났지요. 농부들도 농사는 제쳐 둔 채 너도나도 다이아몬드를 얻으려고 덤벼들었지요. 나중에는 농사지을 사람이 부족해 쌀을 수입해야 할 지경이었어요. 시에라리온셀렉션트러스트는 이런 불법 채굴을 막기 위해 민병대를 조직했습니다. 민병대와 광부들 사이에서는 자주 총격전이 벌어지곤 했지요.

하지만 드비어스는 사람들이 다이아몬드를 어떤 경로로 얻든 상관이 없었습니다. 그저 시에라리온에서 나는 아름다운 보석을 자기들이 살 수만 있으면 되었지요. 그래서 드비어스는 다이아몬드를 훔쳐서 다른 곳으로 팔아넘기는 사람들에게 다이아몬드를 사들이기 위해 시에라다이아몬드 사를 세웠습니다. 불법으로 다이아몬드를 사고파는 밀수업자와도 거래를 하기 시작한 것이지요. 1961년 시에라리온 정부는 영국으로부터 독립했지만 그 후에도 다이아몬드 밀수는 계속되었습니다.

생물 절멸 작전

독립을 했지만 시에라리온은 여전히 불안했습니다. 1991년에는 급기야 시에라리온에 내전이 일어났어요. 군 장교 출신인 포다이 산코가 라이베리아공화국의 지원을 받아 혁명연합전선을 결성한 거예요. 이들을 흔히 시에라리온 반군이라고 부릅니다. 반군은 전 대통령이 임명한 조지프 사이두 모모 정권을 몰아내려고 했습니다. 초기에 반군은 부패한 정권을 타도하고 민주주의를 회복하겠다고 약속했어요. 또 다이아몬드 수입도 공평하게 나누고 무상 교육과 무상 의료를 실시하며, 억압과 착취를 철폐하겠다고 했지요. 하지만 반군은 이내 다이아몬드에 욕심을 갖게 되었습니다. 이제 전쟁을 일으킨 목적이 달라졌어요. 살육과 광기의 전쟁이 시작된 것이지요.

반군은 활동을 유지하기 위해 광산 지역을 점령하고 다이아몬드를 팔아 무기를 사들이기 시작했습니다. 시에라리온 반군은 마을을 약탈하는 과정에서 여자들을 농락하고 2천여 명의 남자들 손목을 잘랐어요. 농경 사회에서 손목이 잘린다는 것은 죽음을 뜻하는 것이었습니다. 농사를 지을 수 없으니까요. 남녀노소를 막론하고 다이아몬드 채굴에 동원되었고, 심지어 일에 지친 사람들에게 마약을 먹여 일을 시키기도 했습니다.

1999년 1월 6일 반군은 '생물 절멸 작전'을 펼쳐 시에라리온의 수도 프리타운을 공격합니다. '살아있는 것은 다 죽인다'는 뜻의 이 작전명처럼 그날 프리타운은 쑥대밭이 되었어요. 내전 10년 동안 시에라리온에서는 200만 명의 피란민과 20만 명의 사망자가 발생했지요. 다이아몬드는 이제 영원을 의미하는 보석이 아닌 피의 상징이 되고 말았어요. 말 그대로 블러드 다이아몬드Blood Diamond가 된 것이지요. 이 전쟁은 2002년 유엔평화유지군이 개입하면서 비로소 마무리되었지만 여전히 시에라리온에는 손목이 잘린 채로 살아가는 사람들이 많습니다.

내전이 시작되자 다이아몬드의 공식적인 수출은 중단되었어요. 그러나 지리적으로 가까운 라이베리아의 몬로비아를 중심으로 한 다이아몬드 밀수는 여전했지요. 마침 시에라리온에서 드비어스에게 채굴 독점권을 넘겨주었던 정부가 무너지고 새로운 정부가 들어섰어요. 그러자 다이아몬드 채굴을 노린 세력들이 너도나도 개입하기 시작했지요. 우선 라이베리아 대통령이었던 찰스 테일러가 시에라리온 반군에

2006년 다이아몬드를 둘러싼 시에라리온 내전을 다룬 영화가 상영됐다. 레오나르도 디카프리오 주연의 〈블러드 다이아몬드〉다. 이 영화는 영원불변의 상징인 다이아몬드가 잔인한 살육 과정을 통해서 얻어진 피의 보석임을 전하고 있다.

게 돈과 무기를 지급해 다이아몬드 채굴에 개입하려고 했어요. 영국 역시 다이아몬드에 홀려 반군을 지원했고 이에 질세라 드비어스도 시에라리온 반군과 손을 잡았어요. 시에라리온 내전이 10년 이상 지속된 것은 이처럼 라이베리아, 영국, 드비어스라는 탐욕에 가득 찬 국가와 기업이 반군 등 뒤에 있었기 때문이지요.

부패한 정치인들과 기업들이 유린하고 지나간 아프리카 지역은 풍부한 지하자원을 소유하고도 여전히 지독한 가난과 싸우고 있어요. 아프리카의 풍족한 자원이 아프리카를 위해 쓰이는 것을 원치 않는 국가와 기업이 여전히 있기 때문이지요. 이것이 아프리카가 가난의 굴레에서 벗어나지 못하는 이유이기도 합니다.

글로벌위트니스의 폭로

다이아몬드 생산을 둘러싼 잔혹한 상황을 전 세계에 알린 것은 영국의 시민단체였어요. 1998년 영국 런던에 있는 글로벌위트니스global witness가 앙골라를 비롯한 아프리카 국가들이 다이아몬드를 얻기 위해 학살을 저지르고 있다고 밝혔지요. 글로벌위트니스는 전 세계적인 부정부패를 감시하고 고발하는 단체입니다. 이 단체는 앙골라 내전을 일으킨 앙골라완전독립민족동맹이 드비어스에 다이아몬드를 팔아 번 돈으로 전쟁을 하고 있고, 이를 위해서 어린아이들이 광산에서 일하고 있다고 고발했어요. 이 사실이 밝혀지자 다이아몬드를 즐겨 찾던 미국의 유명 여배우들과 상류층 고객들이 드비어스 제품을 거부하는 사태가 벌어졌어요. 다이아몬드 회사들은 큰 타격을 입을 수밖에 없었지요.

때마침 전 세계 다이아몬드 시장을 독점하다시피 한 드비어스가 싼값으로 다이아몬드 원석을 사들이기 위해 살육과 테러를 방조하고 지원했다는 사실까지 폭로되면서 드비어스는 큰 위기를 맞게 됩니다. 드비어스는 이 위기를 벗어나기 위해 2000년 10월 5일, 앙골라산 다이아몬드 구매를 금지하고 앙골라 내의 자사를 폐쇄하겠다고 밝혔습니다. 또 내전에 휩싸인 인근의 콩고, 기니, 라이베리아, 시에라리온 등에서도 다이아몬드를 사지 않겠다고 발표했어요.

유엔은 드비어스의 본사가 있는 남아프리카공화국 킴벌리에서 킴벌리 프로세스라는 국제 감시체계를 제안합니다. 킴벌리 프로세스는 분쟁 지역에서 생산되거나, 다이아몬드 채굴 과정에서 인권 유린이나 환경 파괴가 일어난 경우에 다이아몬드의 유통을 제한하자는 취지에서 제안된 국제 인증 제도입니다. 말하자면 인증 제도를 통해 다이아몬드 원석의 유통 과정을 감시하고 감독하는 것이지요. 이는 다이아몬드가 분쟁 지역의 자금줄이 되는 것을 막기 위한 조치입니다.

그리고 2002년 12월, 각국의 정부와 국제적인 다이아몬드 산업체, 시민단체가 협상한 결과 킴벌리 프로세스 인증 제도가 만들어집니다. 킴벌리 프로세스에는 다이아몬드의 생산과 유통(무역)에 관한 조건이 명시되었고, 이를 충족하는 경우에만 인증을 받을 수 있도록 했지요. 킴벌리 프로세스 인증 제도는 2003년에 발효되었고, 드비어스도 기꺼이 인증 제도에 참여했어요. 킴벌리 프로세스가 불법 채굴된 다이아몬드의 자유로운 유통을 막는다면 다이아몬드를 공급하는 자신들의 지배적인 위치도 보장될 거라고 기대한 거지요.

킴벌리 프로세스에는 그 요구 사항을 준수할 의지가 있는 나라라면 모두 참여할 수 있어요. 2012년 8월, 유럽연합을 하나의 참가국으로 계산해 총 77개 나라를 대표하는 51명이 대표자로 참석했습니다. 전 세계 99.8퍼센트의 다이아몬드가 킴벌리 프로세스 회원국에 의해 다뤄지고 있으니 거의 모든 다이아몬드가 킴벌리 프로세스의 인증을 받는 셈이에요.

특히 다이아몬드업계 대표들, 다이아몬드가 가지는 경제적 가치가 높은 국가들, 국제 은행업계 대표들이 참여하는 국제다이아몬드위원회가 킴벌리 프로세스에 초기부터 참여해 큰 역할을 하고 있지요. 국제다이아몬드위원회의 목적은 다이아몬드 원석의 수출입을 관리하고 다이아몬드가 분쟁이나 반군의 자금으로 지원되지 않도록 하는 것입니다.

 참가국 정부와 시민사회 대표자들, 그리고 산업계 대표자들의 공동 노력으로 킴벌리 프로세스는 짧은 시간에 분쟁 지역의 다이아몬드 유통을 막는 데 성공했어요. 이 분야의 전문가들은 1990년대에 15퍼센트에 달하던 분쟁 지역 다이아몬드가 현재는 1퍼센트 정도로 낮아졌다고 보고 있습니다.

킴벌리 프로세스의 한계

 킴벌리 프로세스에도 한계는 있습니다. 2012년 1월 5일 글로벌위트니스는 킴벌리 프로세스를 탈퇴했어요. 분쟁 지역 다이아몬드의 실태를 가장 먼저 고발했던 글로벌위트니스가 킴벌리 프로세스를 탈퇴한 이유는 무엇일까요? 결정적인 이유는 짐바브웨에 있는 마랑게 광산에 대한 킴벌리 프로세스의 태도 때문이었어요.

 2008년부터 짐바브웨 정부가 운영하는 마랑게 광산에서 다량의 유골이 발견되었어요. 이 유골의 주인은 마랑게 광산에서 불법 채굴을 하던 2백여 명의 광부들이었는데, 다이아몬드 밀수를 강력히 단속하던 짐바브웨 정부의 무력 진압으로 살해된 것이었지요. 휴먼라이츠워치를 비롯한 인권단체들은 군대가 이 지역 주민을 살해하고 어린이들을 강제 노동시켰을 뿐 아니라 성폭행까지 했다고 주장했어요. 휴먼라이츠워치는 열 살 이하의 어린이들이 아무런 대가 없이 하루 11시간씩 광산에서 일하고 있다고도 했습니다.

킴벌리 프로세스 인증을 받기 위한 주요 요건

• 참가국으로 다이아몬드 원석을 수출할 때는 반드시 정당하게 검증된 증명서를 첨부해야 한다.

• 참가국에서 다이아몬드 원석을 수입할 때는,

- 정당한 검증 증명서를 요구한다.

- 배송 받았다는 확인을 수출 관련 기관에 신속히 전달해야 한다.

- 확인은 수출과 수입에 관련된 세부적인 사항과 더불어 소포의 개수, 무게, 배송 번호 등이 포함된다.

- 증명서의 원본은 최소 3년 동안 제시를 요구하면 쉽게 응할 수 있도록 보관한다.

• 참가국은 수입하거나 수출한 원석 다이아몬드에 분쟁 지역의 다이아몬드가 섞이지 않도록 내부 통제 시스템을 갖춰야 한다.

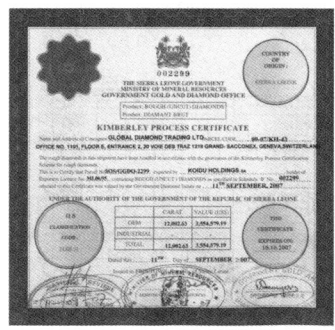

킴벌리 프로세스 인증서

2009년 6월, 킴벌리 프로세스의 현장 조사가 실시되었어요. 그리고 그해 11월에 킴벌리 프로세스는 짐바브웨에서 캐낸 다이아몬드의 수출을 금지하기에 이르러요. 그러나 2010년 8월 11일, 마랑게 광산에서 캐낸 일부 다이아몬드가 수출되고 있다는 사실이 드러났어요. 다이아몬드 수출을 금지했던 킴벌리 프로세스가 마랑게 광산의 일부 구역에서 채굴된 다이아몬드에 대해 수출을 승인하고 있었던 것입니다.

글로벌위트니스는 이 사건을 계기로 킴벌리 프로세스가 더 이상 다이아몬드 채굴 과정에서 일어나는 인권 유린과 불법 거래를 막을 수 없다고 판단했어요. 그리고 더 강력한 기구를 만들어야 한다면서 킴벌리 프로세스를 탈퇴했지요. 글로벌위트니스는 킴벌리 프로세스가 다이아몬드 유통에 무장 세력이 개입했거나 인권 유린이 있었는지 확인할 의지가 없기 때문에 한계가 분명하다고 지적했어요. 이런 방식으로는 소비자들이 자신의 다이아몬드가 어디서 왔는지, 다이아몬드 유통을 통해 번 돈이 어디에 쓰이는지 알 수 없다는 것이었지요.

킴벌리 프로세스와 같은 국제 인증 제도를 갖고 있다는 것은 다이아몬드 채굴과 관련된 인권 유린과 불법 유통을 막을 수 있는 국제적인 기반을 갖추었다는 뜻이에요. 실제로 킴벌리 프로세스는 현재 다이아몬드 유통에 가장 큰 영향력을 행사하는 국제기구예요. 그러나 다이아몬드 유통 과정의 투명성을 확보하고 참가국이 규정을 잘 지키고 있는지 엄격하게 관리해서 다이아몬드의 불법 유통을 막으려면 더 강력한 감시 체계가 필요한 것도 사실입니다.

현재 킴벌리 프로세스가 말하는 깨끗한 다이아몬드는 '분쟁 지역이 아닌 지역에서 생산된 다이아몬드'를 뜻해요. 분쟁 국가에서 생산된 다이아몬드 원석은 대부분 군사정부나 독재 정권, 그리고 반군의 활동 자금으로 쓰이고 폭력과 강제 노동, 아동노동이 뒤따르기 마련이에요. 따라서 다이아몬드의 생산 과정에서 인권 유린과 불법 유통이 일어나지는 않았는지, 지역사회를 파괴하는 다이아몬드 채굴이 진행되지는 않았는지 감시할 수 있는 더 강력한 조직이 필요하다는 글로벌위트니스의 주장을 귀담아 들어야 할 것입니다.

바다를 더럽힌 두 기업, 그 태도의 차이

삼성중공업과 BP

#1. 2007년 12월 6일 오후 2시 50분, 인천항

 출항을 묻는 항해사의 물음에 선장은 가타부타 말이 없었다. 바람이 심상치 않았다. 이미 인천기상대를 통해 서해 먼바다의 기상 악화가 예보되어 있었다. 선장은 눈을 가늘게 뜨고 먼바다를 응시했다. 짙은 회색 구름이 수평선에 낮게 포진해 있었다. 파도가 방파제를 치는 소리도 점점 거칠어졌다. 선장은 차가운 겨울 바다에 떠 있는 예인선단을 물끄러미 바라보았다. 예인선단은 네 척의 배로 구성되어 있었다. 가장 큰 바지선에는 높이 백 미터가 넘는 크레인이 실려 있었다. 삼성물산이 인천대교 공사를 하면서 삼성중공업에 빌려 쓴 것이다. 선장은 국내에 다섯 대밖에 없는 이 귀한 장비를 무사히 거제까지 운반하는 책임을 맡고 있었다. 동력이 없는 바지선을 이끌 두 척의 예인선은 삼성 T-5호와 삼호 T-3호였다. 예인선은 1만 1천7백여 톤에 달하는 거대한 바지선과 굵은 쇠줄로 단단하게 연결되어 있었다. 거제까지 무사히 항해하려면 이 두 선박이 균형을 맞춰 바지선을 잘 이끌어야 했다. 마지막으로 닻을 관리하는 투묘선 삼성 A-1호가 바지선에 딸려 있었다. 총 네 대로 구성된 예인선단은 웬만한 파도에도 끄떡없을 것 같았다. 게다가 일정이 급했다. 선장은 잠시 뜸을 들이다 출항 명령을 내렸다. 늘 그래왔듯 무사히 목적지에 도착할 수 있을 거라고 그는 믿었다. 2007년 12월 6일 오후 2시 50분, 예인선단이 물살을 가르며 유유히 인천항을 빠져나갔다.

#2. 12월 7일 새벽 3시경, 예인선

"서해 중부 먼바다에 풍랑주의보가 발령됐습니다. 항해하는 선박들은 즉시 대피해 주십시오."

　인천항을 빠져나온 지 얼마 되지 않아 풍랑주의보가 발효되었다. 기상청의 발표대로라면 10미터 이상의 강풍과 3미터 이상의 파도가 일고 있었다. 삼성 T-5호 조타실의 항해사는 불안한 표정으로 선장의 명령을 기다렸다. 지금 당장 운항을 중지하고 가까운 해안으로 피항해야 할지도 몰랐다. 하지만 선장의 생각은 달랐다. 바다 한복판에 발이 묶이느니 되도록 빨리 목적지에 도착하는 편이 낫다고 판단했다. 선장은 당직 항해사에게 자동 항법 장치로 항해를 계속하라고 이르고 늦은 잠자리에 들었다. 당직 항해사는 건너편의 삼호 T-3호가 밀려오는 파도를 아슬아슬하게 넘는 모습을 불안하게 바라보았다. 아마도 오늘은 밤새 파도와 씨름해야 할 것 같았다.

#3. 12월 7일 새벽 4시, 만리포 앞바다

　새벽의 만리포는 깊은 잠에 빠져 있었다. 서해 먼바다에 풍랑주의보가 발효됐지만 유조선 허베이스피리트 호는 어느 때보다 평화로웠다. 이 거대한 유조선은 3주간의 항해를 마치고 이제 곧 대산 항에 입항하려는 참이었다. 허베이스피리트 호는 그간의 여독을 풀기라도 하려는 듯 만리포 앞바다에 고요히 정박해 있었다. 그날따라 당직 선원조차 갑판에 나서지 않았다. 바람이 불었고, 파도가 제법 높았지만 갑판 면적이 축구장의 세 배가 넘는 유조선에는 요람을 흔드는 미풍 수준이었다.

#4. 12월 7일 새벽 4시 45분, 예인선

삼성 T-5호 조타실의 항해사는 지친 표정으로 바깥 어둠을 응시했다. 바람이 미친 듯이 불고, 파도가 거셌다. 건너편 삼호 T-3호와 적당한 거리를 유지하려 애썼지만 생각처럼 쉽지 않았다. 삼성 T-5호는 풍랑과 북서풍에 밀려 자꾸 항로를 이탈했다. 풍랑이 더욱 거세지자 결국 예인선은 인천으로 회항하기로 결정했다. 이만한 강풍과 파도에 맞서 항해를 계속하는 것은 무리였다. 예인선은 온 힘을 다해 방향을 틀었다. 강풍과 파도에 대책 없이 밀려 중심을 잡기 어려웠다. 높은 파도에 천 톤이나 되는 크레인이 무게중심을 잃을까 걱정됐다. 바지선과 연결되어 있는 굵은 쇠줄이 삐걱삐걱 불길한 소리를 냈다.

#5. 12월 7일 새벽 5시 23분, 대산항만청 관제실

관제실은 물속처럼 고요했다. 나른한 피로감에 젖어 바다를 주시하고 있던 관제실 직원이 이상한 움직임을 포착한 것은 그때였다. 예인선 두 척이 항로를 벗어나 파도에 밀리고 있었다. 게다가 예인선과 불과 5.4킬로미터 떨어진 거리에 기름을 잔뜩 실은 유조선 허베이스피리트 호가 정박해 있었다. 이대로 간다면 충돌할 위험이 있었다. 관제실 직원은 잠이 싹 달아나는 것을 느꼈다. 곧바로 예인선단을 긴급 호출했다.

"삼성 T-5호, 응답하라. 삼성 T-5호."

하지만 응답이 없었다. 대답을 기다리던 관제실은 다시 예인선단의 선박 세 척을 모두 호출했다. 하지만 어떤 선박도 응답하지 않았다. 1분 뒤 다시 호출했으나 역시 무응답이었다. 무선 호출이 되지 않자 관제실은 다급해졌다.

"누구 선장 휴대전화 번호 아는 사람 없어?"

관제실은 예인선단의 선장 휴대전화 번호를 수소문했다. 그러는 동안에도 예인선은 대형 해상 크레인을 이끌고 유조선 쪽으로 접근하고 있었다. 항만청은 한 시간 뒤에야 간신히 예인선 T-5호 선장의 휴대전화 번호를 알아낼 수 있었다.

"전방에 대형 유조선이 있습니다. 충돌 위험이 있으니 피해서 운항하십시오."

관제실은 다급하게 충돌 위험을 알렸다. 하지만 어쩐 일인지 예인선의 항로는 변경될 기미가 보이지 않았다. 이제 예인선단과 유조선의 거리는 채 3킬로미터도 남지 않았다. 그렇게 46분의 시간이 속절없이 흘렀다.

#6. 12월 7일 오전 6시 50분, 예인선

밤새 파도와 씨름한 예인선단은 이미 통제력을 잃고 있었다. 인천으로 회항을 시도했다 실패한 뒤 예인선은 항해를 강행하기로 했지만 파도를 헤쳐 나가기가 쉽지 않았다. 예인선은 파도와 싸우느라 이미 무리하게 운항하고 있었다. 삼성 T-5호와 삼호 T-3호가 우왕좌왕 교신하는 과정에서 예인줄이 팽팽하게 당겼다 풀리기를 반복했다. 높은 파도 때문에 적당한 거리를 유지하면서 바지선을 이끌기가 쉽지 않았다. 그때 바지선이 파도에 밀리면서 삼성 T-5호와 연결된 예인줄이 팽팽하게 당겨졌다. 예인줄의 접촉 부분에 균열이 생겼지만 아무도 눈치채지 못했다. 예인선이 무리한 운항을 계속하자 결국 바지선과 연결된 예인줄이 끊어지고 말았다. 예인줄이 끊긴 바지선은 파도에 몸을 맡긴 낙엽처럼 속절없이 떠밀려 갔다. 예인선에 설치된 경보 사이렌이 요란하게 울리기 시작했다.

#7. 12월 7일 오전 7시경, 유조선

평화로웠던 유조선이 술렁이기 시작했다. 유조선 허베이스피리트호의 선장 차울라는 30분전 관제소의 비상 연락을 받은 터였다. 예인선과 충돌할 위험이 있으니 안전 조치를 취하라는 것이었다. 하지만 선장은 사태의 심각성을 제대로 알아차리지 못했다. 그저 항로를 이탈한 예인선이 유조선과 적당한 거리를 두고 무사히 통과하리라고 짐작했다. 예인선을 적극적으로 피하지 않은 것은 그 때문이었다. 하지만 사태는 생각보다 심각했다. 예인줄이 끊어져 고삐가 풀린 거대한 바지선이 방향감각을 잃고 맹렬하게 덮쳐오고 있었다. 그 사실을 눈으로 확인한 시점에는 이미 돌이킬 수 없었다. 크레인을 실은 바지선이 유조선의 옆구리를 정통으로 강타했다. 그 충격으로 유조선이 요동쳤고 갑판에 나와 있던 선원들이 중심을 잃고 쓰러졌다. 오전 7시 6분, 바지선은 유조선에 무려 아홉 번이나 충돌했다. 유조선은 그 충격을 견디지 못하고 허리에 균열이 생겼고, 기름을 잔뜩 채운 유류 탱크 세 개에 커다란 구멍이 났다. 검은 기름이 폭포수처럼 바다로 흘러들었다. 유조선 선장은 그제야 사태의 심각성을 알아차렸다. 자칫 잘못하다가는 유류 탱크가 폭발할지도 몰랐다. 선장은 폭발을 막기 위해 유류 탱크에 불활성가스를 주입했고, 그로 인해 탱크 안 기압이 올라가 기름 유출 속도가 더욱 빨라졌다. 성난 파도가 새카만 기름을 탐욕스럽게 집어삼켰다. 바다는 삽시간에 검은 파도로 뒤덮였다.

#8. 12월 8일 오전, 태안 바닷가

태안 앞바다에서 가두리 양식업을 하고 있는 박씨는 밤새 한숨도 못 자고 뒤척이다 희붐한 안개를 뚫고 바다로 나온 터였다. 차가운 겨울 바다에는 무거운 정적만이 감돌고 있었다. 어제까지만 해도 겨울 바다를 낮게 비행하던 갈매기 떼가 거짓말처럼 자취를 감췄다. 심상치 않은 낌새를 챈 것은 그만이 아니었던지 이미 여러 명의 이웃이 바닷가로 나와 있었다. 하나 같이 평생 바다를 터전으로 살아온 촌부들이었다.

"저거, 저게 뭐여?"

누군가 소리쳤고, 모두의 시선이 그리로 향했다. 어민들은 파도에 실려 두껍게 떠밀려오는 원유를 보고도 처음엔 그게 무엇인지 몰랐다. 비릿한 바다 냄새를 지워 버리는 역겨운 기름 냄새를 맡고서야 비로소 검은 파도의 정체를 알 수 있었다. 검은 파도는 깨끗한 모래사장도, 파도를 막으려고 쌓아올린 방파제도 순식간에 덮어 버렸다. 한평생 바다와 함께 살아오면서 풍랑과 해일을 수시로 겪은 그들이었지만, 검은 해일은 처음이었다. 주민들은 무엇을 어떻게 해야 할지 몰라 망연자실 바다만 바라보고 서 있었다.

"태안은 이제 죽었다."

누군가 내뱉은 절망 섞인 탄식만이 정적을 깰 뿐이었다.

재앙을 부르는 기름 유출 사고

2007년 12월 7일 오전 7시, 충남 태안군 앞바다에서 홍콩 선적 유조선 허베이스피리트 호와 삼성중공업이 운항하던 삼성 1호는 이렇게 충돌했습니다. 이 사고로 유조선 탱크에 있던 원유 12,547킬로리터(10,900톤)가 태안 바닷가로 유출되었지요. 이는 국내 최대의 해양오염 사고였어요. 1995년에 전라남도 여천 앞바다에서 발생한 씨프린스 호 사고 때의 유출량인 5,035킬로리터보다 2.5배나 많은 양이니까요. 1997년 이후 10년 동안 발생한 기름 유출 사고가 총 3,915건, 유출된 기름이 10,234킬로리터였는데, 단 한 번의 사고로 이보다 더 많은 양의 기름이 바다에 쏟아진 것이지요.

석유는 세계에서 가장 많이 거래되는 상품으로 여러 분야에서 주요한 에너지원으로 쓰입니다. 자동차, 비행기, 선박 등의 연료는 물론이고 비료나 농약, 장난감, 의류, 세제 등을 만들 때도 사용되지요. 이렇듯 석유의 활용 범위가 넓어지고 사용량도 증가하다 보니 석유를 운반하는 과정에서 일어나는 오염 문제가 날로 심각해지고 있어요. 태안 기름 유출 사고처럼 유조선 사고로 많은 양의 기름이 바다로 흘러 들어가는 것이 대표적인 예이지요.

전 세계 유조선 관련 사고를 집계·조사하는 국제유조선선주오염조사기구ITOPF에 따르면, 1970년부터 2007년까지 일어난 기름 유출 사

2007년 태안 기름 유출 사고 현장

고는 총 1만여 건에 달합니다. 이 중에서 700톤 이상의 기름이 유출된 사고도 449건이나 되지요. 다행히 기름 유출 사고는 1970년대에는 평균 24.5회 발생하던 것이 1980년대 들어서 평균 9.3회로 줄어들기 시작해 1990년대에는 평균 7.8회, 2000년대 평균 3.3회로 빠르게 줄어들고 있어요.

바다에 기름이 쏟아지면 기름을 빨리 제거하는 것이 사실상 불가능하고, 망가진 생태계가 완전히 회복되는 데 시간이 오래 걸리기 때문에 매우 치명적이지요. 눈에 보이는 기름을 걷어 낸다고 하더라도 바다에 가라앉아 있는 기름이 오랫동안 생태계에 나쁜 영향을 미친다고 해요.

특히 유조선 기름 유출 사고처럼 바다로 빠르게 흘러 들어가는 기름은 해양 생태계에 큰 영향을 미칩니다. 우선 기름이 유출되면 해수면에 기름막이 덮여 식물성 플랑크톤이나 해조류가 광합성을 하기가 어려워져요. 공기와 바닷물의 산소 교환도 원활하게 이루어지지 않아 바다 속 산소량이 줄어들지요. 그러면 바다 생물이 호흡하는 데 어려움이 생기지요. 또 바다 새의 깃털에 기름이 묻으면 날지도 못하고 물위에 뜨지도 못할 뿐 아니라 보온 효과가 떨어져 저체온증으로 죽게 되지요. 물고기의 아가미에 기름이 들러붙으면 호흡을 못해 질식사하게 되고, 오염 지점에서 가까운 해변과 육지 식물도 서서히 말라죽게 됩니다.[33]

기름 유출 사고는 생태계에만 영향을 미치는 것이 아니라 바다를 기반으로 살아가는 사람들에게도 커다란 피해를 줍니다. 수산업과 양식업에 큰 손실을 끼칠 뿐 아니라 해양 관광산업 등 관련 산업 전반에 큰 타격을 주지요. 또 환경오염으로 인한 질병 등 주민 건강에도 악영향을 미칠 수 있어요.

안일함이 부른 인재

 태안 기름 유출 사고는 삼성중공업의 예인선 두 척(삼성 T-5호, 삼호 T-3호)이 악천후 속에서 해상 크레인 바지선인 삼성 1호를 연결해 항해하던 중, 왼쪽 예인선(삼성 T-5호)의 줄이 끊어지면서 일어났습니다. 이 사고로 삼성 1호가 파도에 밀려 유조선 허베이스피리트 호와 아홉 차례에 걸쳐 충돌했고, 이 충돌로 유조선에 세 개의 구멍이 뚫려 기름이 쏟아졌지요.
 사고 선박 가운데 삼성 1호의 소유자와 운항자는 각각 삼성물산과 삼성중공업이었어요. 주 예인선인 삼성 T-5호의 소유자와 운항자도 삼성물산과 삼성중공업이었고, 보조 예인선인 삼호 T-3호의 소유자와 운항자는 삼호아이앤디와 삼성중공업이었지요. 즉 사고 책임이 있는 삼성 예인선단의 운항 책임자는 삼성중공업입니다.
 삼성 예인선단은 인천대교 공사를 마치고 사고 전날 출항해 삼성중공업이 있는 거제 고현 항으로 가던 중이었어요. 허베이스피리트 호는 11월 16일 아랍에미리트에서 출항해 충남 서산의 대산 항에 입항하기 전에 잠시 정박 중이었지요. 사고가 일어나기 두 시간 전인 오전 5시 23분부터 24분까지 항만 당국은 예인선단의 운항이 의심스럽다고 판단해 두 차례에 걸쳐 비상 호출을 했지만 삼성 예인선단은 응답하지 않았습니다. 충돌 1시간 30분 전이었던 이때 호출을 받고 조치를 취했다면 충돌을 피할 수 있었을지도 모르지요. 하지만 삼성 예인선단은 호출에 응답하지 않았고, 항만청은 간신히 사고 발생 1시간 전인 6시 15분에 삼성 T-5호 선장의 휴대전화 번호를 알아냈어요. 하지만 그때는 이미 충돌을 막기에는 역부족인 상황이었지요. 허베이스피리트 호도 6시 28분쯤 삼성 T-5호를 호출했지만 응답이 없었다고 합니다.

결국 이 사건은 삼성 예인선단이 기상 악화 예보를 무시하고 항해를 강행한 데다 항만 당국의 충돌 위험 경고까지 무시하고 무리하게 운항하다 빚어진 인재였다고 할 수 있어요. 사고 뒤 삼성 예인선단은 항만청의 무선 경고를 받은 적이 없다고 항해일지를 조작하기까지 했어요. 허베이스피리트 호 역시 정박 중에 당직을 서지 않았고, 항만 당국의 안전조치 요청에도 적극적으로 피항하지 않는 등 안일하고 소극적인 대응으로 사고를 키웠지요.

이 사고로 1만 톤 이상의 기름이 바다로 쏟아졌지만, 파도가 심해 빠른 대처를 하지 못했고 유출된 기름이 오일펜스(기름이 퍼져 나가지 않도록 막아 주는 기름막이)를 넘어가는 바람에 피해가 더욱 커졌어요. 이로 인해 피해를 입은 가구는 42,863가구에 달했으며, 충남 만리포 해수욕장 등 15개 해수욕장이 피해를 입었어요. 총 피해 면적은 347 제곱킬로미터에 이르렀으며, 해안선 375킬로미터가 기름에 오염되었지요. 파손된 유조선은 사고가 난 지 이틀 만에야 겨우 구멍을 막을 수 있었어요.

사고가 나자 해수욕장과 어장, 양식 시설에 많은 피해를 입은 태안

군 등 11개 시군이 특별 재난 지역으로 선포되었습니다. 곧바로 태안 해양경찰서에 방제대책본부가 설치되었고 해양수산청을 비롯한 해군, 방제조합, 방제업체 등이 전국의 방제 장비와 방제 물품을 총동원해 기름 제거에 나섰지요. 이때 동원된 선박은 무려 19,860여 척으로 그중 58퍼센트가 어선이었어요.

무엇보다 사고 다음날 아침부터 지역 주민과 전국에서 몰려든 자원봉사자들이 해안에 밀려든 기름을 제거하는 작업을 시작했어요. 국내 최대 오염 사고의 심각성을 느낀 수많은 국민들이 나선 거예요. 사고가 일어난 뒤 한 달 동안 50만 명이 넘는 자원봉사자들이 찾아와 매서운 겨울 바닷바람 속에서 기름덩이를 제거했지요. 성금도 끊이지 않았어요.

태안 기름 유출 사고 다음날 아침부터 지역 주민은 물론이고 전국에서 자원봉사자들이 몰려와 해안에 밀려든 기름을 제거했다.

이러한 노력 끝에 사고가 발생한 지 한 달여 뒤인 2008년 1월 8일, 해상 기름 제거 작업이 완료되었고, 같은 해 10월 10일에는 해안 기름 제거 작업도 마무리되었어요.

멕시코 만 기름 유출 사고의 책임자, BP

 한국에서 사상 최대의 기름 유출 사고가 일어난 지 얼마 지나지 않아 미국에서도 대형 기름 유출 사고가 일어났어요. 2010년 4월 20일, 미국 루이지애나 주 뉴올리언스에서 남동쪽으로 약 210킬로미터 떨어진 멕시코 만에서 영국 석유 회사 BP의 석유 굴착 시설이 폭발하는 사고가 일어났어요. 이 사고로 수심 약 1,500미터 해저 유전에서 엄청난 양의 원유가 쏟아졌어요.

 사고로 석유시추선(바다 밑바닥에 구멍을 뚫어 석유 탐사에 쓰는 배) 딥워터호라이즌 호에 타고 있던 노동자 126명 가운데 11명이 죽었고 17명이 다쳤어요. 시추 시설은 1,500미터 바다 아래로 침몰했지요. 사망자 11명 가운데 9명은 플랫폼 선원이었고 2명은 기술자였는데, 당시 폭발 지점 가까이에 있었기 때문에 갑작스런 폭발에 미처 대피하지 못했다고 해요.

 멕시코 만 폭발 사고는 유정에서 갑자기 고압가스가 분출돼 시추관으로 뿜어져 나왔고, 폭발을 막아 주는 차단 장치가 작동하지 않아서 일어난 것으로 추정하고 있어요. 해양 시추 시설이 폭발하자 해저 1,500미터에 있던 심해 시추공(지하자원의 탐사나 조사를 위해 심해에 뚫

BP British Petroleum는 영국 런던에 본사를 둔 세계적인 석유 기업이다. 2011년 매출액 기준으로 세계에서 네 번째로 큰 기업으로, 1년 매출액이 3,750억 달러가 넘는다. 이는 우리나라 1년 예산보다 큰 규모다. BP 의 창업자인 윌리암 녹스 다시가 이란 지역에서 원유 탐사 승인을 얻어 1908년 처음으로 원유를 발굴한 것이 BP의 시작이었다. 1980년대 후반부터는 세계적인 에너지 회사인 소하이오, 아모코 및 캐스트롤 등 을 인수 합병하면서 세계적인 에너지 기업으로 성장했다. 전 세계 100여 개 국가에서 매일 577만 배럴의 석유를 판매하고 있으며, 21,800여 개의 주유소를 갖고 있다.

은 구멍)에서 하루에 3만 5천 배럴에서 6만 배럴의 원유가 쏟아졌지요. 이 사고로 유출된 기름은 778,610킬로리터(490만 배럴)로, 태안 기름 유출 사고의 12,547킬로리터보다 62배나 많을 정도로 어마어마한 양 이었어요. 원유 유출로 인한 기름띠가 6,500제곱킬로미터 넓이의 바 다를 뒤덮었는데, 이는 한반도보다 더 넓은 면적입니다. 기름 유출로 멕시코 만과 가까운 루이지애나, 플로리다, 미시시피 주 등에서 어업 과 관광산업, 해양 생태계가 심각한 타격을 입었고 방제 작업에도 천 문학적인 돈이 들어갔어요. 이러한 이유로 미국에서는 멕시코 만의 기름 유출 사고가 최악의 해양오염 사고로 기록되었답니다.

사실 딥워터호라이즌 호는 이 사고가 있기 전에도 화재 사고가 자 주 일어났다고 해요. 또한 이 배는 플랫폼의 시추 파이프가 빠져나가 비상 대피하거나 밸브를 잠그는 자동 장치에 문제가 생기거나, 심해 시추공의 시멘트 작업에 차질을 빚는 등 이미 심각한 사고를 여러 번 겪은 상태였어요. 그러다 결국 2010년 4월 20일 오후 9시 56분, 시추 시설에 화재가 난 것이지요.

사고가 일어난 뒤 미국 정부는 발 빠르게 대응했습니다. 노동자 126명을 구출하기 위해 사고 지점에 미국 해안경비대를 배치했고, 앞으로 일어날지 모를 환경 문제에 대처하기 위해 멕시코 만에 지휘 본부를 설치했지요. 내무부는 해상 작업에 필요한 안전 대책을 제안하고 보고했을 뿐 아니라 BP의 대응을 철저히 감시했어요. 환경보호청은 기름 유출이 시민의 건강과 환경에 나쁜 영향을 미치지는 않는지 감시했고요. 무엇보다 미국 정부는 이 기름 유출 사고에 BP가 책임을 져야 한다고 못 박았고, 정치인과 정부 관료들도 BP가 사고 처리와 복구 비용을 부담해야 한다고 압박했어요.

삼성중공업과 BP의 대응은 달랐다

이처럼 2007년과 2010년, 한국과 미국에서 발생한 해양오염 사고는 사고 원인과 유출된 기름의 양, 피해 범위와 경제적·환경적 영향 등이 다르긴 하지만 둘 다 매우 심각한 사고였던 것만은 분명해요. 두 사건 모두 엄청난 환경 재앙을 불러왔기 때문에 사고 책임이 있는 기업에 대한 법적 처벌을 피할 수 없었지요. 하지만 그 처벌은 차이가 컸습니다.

우선 BP는 사고 발생 2년째인 지난 2012년 11월, 총 45억 달러, 우리 돈으로 약 5조 원에 이르는 벌금을 물기로 미국 정부와 합의했어요. 미국 법무부가 제기한 형사소송에서 유죄를 인정하고, 12억 5,600

만 달러의 벌금을 포함한 40억 달러의 합의금을 물기로 한 거예요. 또 미국 증권선물거래위원회에도 5억 2,500만 달러의 벌금을 내기로 했지요.[34]

반면에 태안 기름 유출 사고로 해양오염을 일으킨 삼성중공업과 허베이스피리트 호는 각각 3천만 원의 벌금을 무는 데 그쳤어요. 물론 두 배의 선장이 유죄 선고를 받았다고 해도 사고 책임이 있는 기업에 대한 법적 처벌치고는 지나치게 가벼운 느낌이었습니다. 멕시코 만 기름 유출로 BP가 받은 벌금과 비교하면 더욱 그렇지요. 물론 멕시코 만과 태안의 기름 유출 사고는 피해 규모와 유출된 기름의 양이 다르고 처벌 기준도 달라요. 하지만 태안의 3천만 원의 벌금과 멕시코 만의 5조 원에 이르는 벌금에는 너무 큰 차이가 납니다.

또한 사고에 대응하는 두 기업의 태도도 차이가 컸어요. BP는 사고가 나자마자 최고경영자인 토니 헤이워드가 정중하게 사과하고 법적 책임은 물론 사태의 모든 책임을 지겠다고 밝혔어요. 또 마지막 한 방울의 기름을 치울 때까지 사고 현장을 떠나지 않고 직접 지휘하겠다고 했지요. BP는 홈페이지에 사고와 관련한 별도의 페이지를 열고 진행 상황을 투명하게 공개했어요.

실제로 BP가 사고 소식을 처음 전한 것이 2010년 4월 21일이에요. 그 전날 밤 10시쯤에 사고가 났으므로 얼마나 발 빠른 대응인지 알 수 있지요. 게다가 BP는 사고 발생 이틀 만인 22일, 기름 유출에 대한 책임을 지고 모든 자원을 동원해 해결하겠다고 밝혔지요. 이후 BP는 하루도 거르지 않고 사고에 대한 대응과 진행 상황을 알렸어요. 주기적으로 언론에 보도 자료를 내며 사고에 대한 책임과 해결 의지를 드러

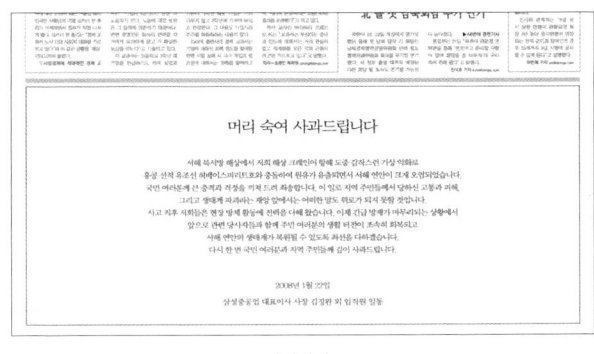

삼성중공업은 사고가 난 지 47일 지난 2008년 1월 22일에야 주요 일간지 신문 광고를 통해 대국민 사과문을 발표했다.

냈지요. 물론 BP도 한때는 원유 유출량이 그렇게 많지 않다고 사고를 축소하려는 모습을 보이기도 했고, 한창 사고를 수습해야 할 시기에 최고경영자가 휴가를 떠나 거센 비난을 받고 자리에서 물러나야 했지만요.

삼성중공업도 사고 뒤 임직원이 묵묵히 기름 제거 작업을 하며 피해 회복을 위해 노력했지만, 기업 차원에서 책임을 지고자 하는 자세는 부족했어요. 삼성중공업은 사고가 난 지 47일 지난 2008년 1월 22일이 되어서야 신문 광고를 통해 대국민 사과문을 발표했지요.

"해상 크레인이 항해 도중 갑작스런 기상 악화로 유조선과 충돌해 원유가 유출되면서 서해 연안이 크게 오염되었습니다. 국민 여러분께 큰 충격과 걱정을 끼쳐 드려 죄송합니다."

사과문의 발표 시기도 지나치게 늦은 감이 있지만, 내용 또한 사고 책임이 있는 기업의 사과문으로는 적당하지 않다는 말이 많았어요. 사고 당사자인 삼성중공업이 사고에 대해 어떤 책임을 지겠다거나 얼마의 보상을 하겠다는 식의 구체적인 언급이 하나도 없었기 때문이지요. 삼성은 BP처럼 홈페이지나 보도 자료 등을 통해 피해 회복을 위해 어떤 노력을 기울이고 있는지 공개하지도 않았어요. 사고 소식을 발 빠르게 전하고 사고에 대한 무한 책임을 지고 전액 보상을 약속한 BP와는 상당히 다른 발걸음이었지요.

보상 책임에 대한 기업 차원의 대응 또한 상당한 차이가 있었어요. 우선 BP는 피해 보상에 적극 임했어요. 사고가 발생한 지 50여 일이 지난 2010년 6월에 BP는 미국의 오바마 대통령과 협의 끝에 200억 달러의 보상 기금을 내놓기로 약속했지요. 우리 돈으로 22조 원이 넘는 금액이에요. 또 보상 기금 이외에 별도로 6개월간 석유 시추 프로젝트가 동결돼 일자리를 잃은 시추 기술자들을 위해 1억 달러의 보상 기금도 함께 내놓기로 했어요. 생태계 복원을 위해서도 10억 달러를 내놓기로 했지요. BP는 이러한 어마어마한 보상 기금을 마련하기 위해 자산을 매각하고 은행에서 대출을 받아야 했지요. 이익의 일부를 주주들에게 돌려주는 배당도 잠시 중지했어요.

하지만 삼성중공업은 적극적으로 피해 보상을 하기보다는 보상 금액을 줄이기 위해 노력했어요. BP가 사고 발생 50여 일 만에 보상 기금을 내놓기로 약속한 데 반해 삼성중공업은 사고가 난 지 1년이 지난 2008년 12월에 법원에 선박책임제한개시신청을 냈지요. 이는 선박 사고가 발생했을 때 고의로 사고를 낸 것이 아닐 경우에는 피해 보상 금액을 일정 한도까지만 내도록 책임에 제한을 두는 법 규정이에요. BP가 무한 책임을 지겠다고 약속한 것과 달리 삼성중공업은 책임을 줄이려고 노력한 셈이지요. 이에 따라 삼성중공업은 사고 보상 책임으로 56억 원만 내면 된다는 법원의 판결을 받아 냈어요. 삼성중공업은 이미 보험회사에서 50억 원의 보험금을 받을 예정이어서 결과적으로 6억 원만 부담하면 법적 보상 책임을 면할 수 있게 된 거예요.[35]

BP는 피해 보상금도 신속하게 처리했어요. 2012년 10월까지 BP는 개인과 사업자에게 약 74억 달러(약 7조 8천4백억 원), 미국 정부에 약 13억 달러(약 1조 4천6백억 원), 그리고 기타 부문에 약 3억 달러(약 3천 2백억 원)를 지불했지요. 현재까지 총 90억 달러, 우리 돈으로 자그마치 9조 6천억 원을 보상한 셈이에요. 특히 피해를 입은 사람들이 보상금을 신청하면 평균 나흘 안에 지급했고, 절차가 복잡한 경우에도 일주일밖에 걸리지 않았지요.

하지만 태안 주민들은 삼성중공업이 제때 보상을 해 주지 않아 생활고 때문에 4명이 스스로 목숨을 끊는 등 어려움을 겪고 있어요. 태안 주민들은 지금도 사고 현장만 있을 뿐 누구 하나 책임지는 사람이 없다고 호소하고 있지요. 물론 삼성중공업은 법적 보상 외에 1천억 원을 지역 발전 기금으로 내놓겠다고 밝혔지만, 이마저도 주민들 사이의 이견으로 아직까지 집행되지 않고 있는 형편이에요.

이처럼 거대한 환경 재앙을 일으킨 사고의 책임자인 BP와 삼성중공업은 사고에 대한 인식과 대응이 너무나 달랐어요. 사고 발생 2년 동안 법적 책임은 물론 모든 책임을 지겠다고 나서 적극적인 보상을 한 BP와 달리 삼성중공업은 사고가 난 지 5년이 지난 지금까지도 납득할 만한 책임을 지지 않고 있습니다.

오염자 부담 원칙

 국제적으로 환경문제는 오염을 일으킨 당사자가 피해액을 부담해야 한다는 '오염자 부담 원칙'을 따르고 있어요. 하지만 너무나 당연해 보이는 이 원칙이 한국에서는 제대로 지켜지지 않아요. 왜 그럴까요? 그 이유는 한국과 미국의 법체계가 다르고 정부의 대응과 사회적인 인식에 차이가 있기 때문이에요.

 1989년 유조선 액손발데즈 호가 알래스카 해안을 지나다 암초에 걸려 바다를 오염시키고 수천 마리의 바다 동물이 죽는 사고가 있었어요. 이 사고로 미국 국민들의 유조선에 대한 인식이 매우 나빠졌고, 기름 유출로 오염을 일으킨 배의 주인이 모든 비용을 부담해야 한다는 사회적 공감대가 만들어졌지요. 이후 1990년에는 사실상 배 주인의 무한책임을 인정하는 유류오염법을 만들어 기름 유출로 인한 피해 보상을 배 주인이 모두 부담하도록 하고 있어요.[36] 이러한 법체계와 사회적 공감대가 있었기 때문에 멕시코 만에서 기름 유출 사고가 났을 때 미국 정부와 정치인들이 앞장서서 BP를 압박할 수 있었던 거예요. 물론 BP도 이런 사회적인 분위기를 잘 알고 있었고요.

 하지만 우리나라는 배 주인의 피해 보상을 일정액 이하로 제한하는 '책임 제한 제도'를 도입하고 있어요. 기름 유출로 인한 해양오염 사고는 피해 범위가 넓고 여러 나라에 걸쳐 발생하기도 하므로 기업이 피해 보상을 하다가 자칫 도산 위기에 빠질 수도 있지요. 그래서 국제적으로 협약을 체결해 배 주인의 피해 보상 책임을 제한하고 있는데, 우리나라도 이를 받아들이고 있는 거예요. 이는 미국을 포함한 몇몇

나라를 제외하고 대부분의 나라가 도입한 제도이기도 하지요. 이 제도에 따르면 태안 기름 유출 사고의 경우 선박 소유 회사와 국제유류오염보상기금POC이 보상할 수 있는 최대한도는 약 3,200억 원 정도예요.

그렇다면 태안 기름 유출 사고의 피해 보상액은 얼마나 될까요? 사고 발생 5년 뒤인 2013년 1월, 법원은 사고 피해액으로 7,341억 원을 인정했어요. 주민 피해액 4,138억 원, 방제 비용과 환경 복원 사업 비용 2,174억 원, 그리고 민간 기업 등의 추가 방제 비용 1,029억 원 등을 모두 합한 금액이지요. 하지만 법원이 인정한 주민 피해액 4,138억 원은 실제 태안 주민들이 신청한 3조 4천억 원의 약 11.8퍼센트밖에 되지 않는 금액이에요. 주민들의 피해 신청액에 턱없이 모자란 금액이지요.

더욱 심각한 건 피해 주민들에게 보상해야 할 보상 부담액이에요. 사고 당사자인 허베이스피리트 사가 부담할 금액은 약 1,500억 원이에요. 국제유류오염보상기금은 1,650억 원을 부담하면 되고요. 그런데 정박해 있던 유조선을 들이받아 사고를 일으킨 사건 당사자인 삼성중공업은 56억 원만 부담하면 돼요. 삼성중공업은 앞서 밝힌 대로 이미 법원으로부터 56억 원의 책임만 부담하면 된다는 판결을 받아냈기 때문이지요. 그리고 50억 원은 보험회사에서 지급받으니까 실제로는 고작 6억 원만 내면 되는 것이지요. 그러니 나머지 약 2천억 원은 정부가 국민 세금으로 부담해야 하는 거예요. 직접적인 책임을 져야 할 사고 책임자가 가장 적은 피해 보상 책임을 지는 아이러니한 상황이 벌어진 거예요.

상식적으로 볼 때 기름 유출 사고가 나면 미국처럼 사고 책임자가 피해 보상은 물론 환경 복원 비용, 징벌적 손해배상(가해자에게 실제 손해액보다 훨씬 더 많은 액수를 부과하여 처벌하는 것)까지 다 책임져야 하는 것이 당연해요. 하지만 우리나라는 사고 책임자가 가장 적은 부담만 지는 납득하기 어려운 상황이 벌어졌어요. 현행법이 그러해서 어쩔 수 없다고 하더라도 기업의 사회적 책임을 생각했을 때 이는 국민의 상식에 어울리지 않는 일이지요.

삼성중공업은 법이 정한 56억 원을 지급했으니 책임을 다했다고 주장할지 모르지만, 태안 기름 유출 사고의 피해 규모로 봤을 때 이는 납득하기 어려운 주장이에요. 기업의 사회적 책임은 법적 책임을 넘어서 사회의 기대에 부응해 그에 걸맞은 책임을 지는 것을 뜻합니다. 따라서 삼성중공업은 사고 책임자로서 가장 무거운 부담을 져야 한다는 사회의 목소리를 외면하지 말아야 해요. 그리고 지금이라도 사고 책임자로서 책임 제한 제도를 넘어서는 피해에 대해 '오염자 부담 원칙'에 따라 적극적으로 피해 보상에 나서야 할 것입니다.

견제 장치가 고장 난
거대 기업의 종말

엔론

미국 사상 최대 규모의 파산

 마지막으로 기업의 지배 구조와 사회적 책임의 관계에 대해 얘기해 볼까요? 기업의 지배 구조란 기업을 다스리는 구조가 어떻게 되어 있느냐를 가리키는 말로, 경영자가 기업과 관련된 다양한 이해 관계자, 특히 주주의 이익을 위해 제 역할을 다하는지 감시하고 통제하는 체계를 뜻하지요. 지배 구조가 제 역할을 다하지 못할 때 결국 기업도, 관련 기관도, 직원과 투자자도 막대한 손해를 입고 파산에 이를 수밖에 없어요. 미국의 에너지 기업인 엔론Enron이 그 좋은 예이지요.

 엔론은 1985년 미국 텍사스 주 휴스턴에 있던 휴스턴천연가스Houston Natural Gas와 네브라스카 주 오마하에 있던 인터노스InterNorth가 합병해 태어난 기업이에요. 우리에겐 다소 낯선 기업이지만 미국에서는 2000년대 초반 〈포춘Fortune〉이 6년 연속 가장 혁신적인 기업으로 선정했을 만큼 이름 난 기업이었지요.

 엔론은 원래 천연가스를 소비자에게 전달하는 운송업체였어요. 그런데 미국 정부가 에너지 산업에 대한 규제를 완화하면서 1990년대 초 에너지 분야의 선도 기업으로 떠올랐지요. 원래 미국은 천연가스 값을 정부가 직접 규제했어요. 정부가 결정한 가격으로 생산자, 운송자(파이프라인 기업), 소비자가 천연가스를 거래하도록 한 거죠. 그러다

100대 기업 가운데 엔론을 1위로 선정한
2001년 1월 〈포춘〉

가 1980년대 말에 규제를 풀어 자유롭게 가격을 결정할 수 있도록 했어요. 그런데 그건 천연가스 생산업체도 소비자도 모두 부담스러운 일이었어요. 이를테면 어느 지역에 갑자기 한파가 닥치면 가스 수요가 늘어나 하룻밤 사이에 가스 값은 폭등하고 그 피해는 고스란히 소비자에게 돌아갑니다. 반대로 갑자기 날이 따뜻해지면 가스 수요가 줄어드니 생산자들이 손실을 입지요.[37]

이런 와중에 파이프라인으로 가스를 운송하던 엔론이 획기적인 사업을 도입했어요. 이른바 가스 은행이에요. 가스 은행은 우리가 흔히 보는 일반 은행과 비슷합니다. 은행이 예금자들이 맡긴 돈을 대출이 필요한 곳에 빌려 주는 방식으로 돈을 중개한다면, 엔론은 비슷한 방식으로 돈 대신 가스를 중개하는 거예요. 엔론은 가스 생산자로부터 싼 값에 가스를 사 은행에 예치해 두었다가 천연가스가 필요한 소비자가 나타나면 공급해주었어요. 엔론은 가스를 확보할 때의 가격과

가스를 공급할 때의 차액을 수익으로 가져갔죠. 가스 은행에 참여하는 생산자와 소비자들이 늘어나면서 엔론의 천연가스 사업은 빛을 발했어요. 1992년에 엔론은 북아메리카 최대의 천연가스 중개업체로 올라서면서 전통적인 천연가스 운송업체에서 천연가스 거래업체로 탈바꿈하는 데 성공했어요.

엔론은 천연가스 사업의 성공을 발판으로 전기, 원유, 석탄, 물, 펄프 더 나아가 광대역통신망과 날씨 파생 상품(날씨 변화로 기업이 입게 될 손실이나 이익을 사고파는 것)까지 개발하는 등 사업 범위를 공격적으로 넓혀갔어요. 또 미국뿐 아니라 해외로도 진출해 유럽, 인도, 중국, 남아메리카 등으로 활동 영역을 넓혔지요.

하지만 천연가스 사업의 성공이 다른 사업의 성공까지 보장해 주지는 않았어요. 천연가스와 달리 전기는 저장할 수 없었고, 물은 공급자마다 품질이 달라 수익을 내는 데 문제가 있었지요. 천연가스 사업 또한 경쟁 기업들이 갈수록 많아지면서 점점 이윤을 내기가 어려워졌어요. 해외 사업도 난항을 겪기는 마찬가지였지요. 인도나 중국에서는 예상하지 못한 정치·경제 문제로 진통을 겪었고, 결국 엄청난 손실을 입기도 했어요.[38]

이처럼 새로 진출한 사업에서 잇달아 실패하고 해외에서 손실을 입고 있는데도 어찌된 일인지 엔론의 매출은 눈부시게 늘어만 갔어요. 덕분에 주가도 끊임없이 치솟았지요. 엔론은 창업한 지 불과 15년 만에 규모가 1천억 달러에 달하는 거대 기업으로 성장했고, 미국이 주목하는 가장 혁신적인 기업이 되었어요. 미국에서 가장 존경받는 기업 10위 안에 뽑혔고, 사회적 공헌을 가장 많이 하는 양심적인 기업 10위

안에 들기도 했지요. 미국인이 가장 일하고 싶어 하는 기업으로 뽑히기도 했어요.

하지만 2001년 3월 〈포춘〉 기자인 베서니 맥린이 엔론의 비리 의혹을 처음 제기하면서 엔론은 서서히 몰락의 길로 들어섰어요. 언론 보도 이후 엔론의 최고 경영진이 회사의 어려운 사정을 은폐하고 이익을 내는 것처럼 거짓으로 회계장부를 조작하는 등 온갖 부정행위를 저질러 기업을 유지하고 있다는 사실이 조금씩 드러났어요. 주가는 하루아침에 폭락했고, 결국 2001년 12월 엔론은 미국 역사상 최대 규모의 파산을 신청하며 문을 닫았지요. 그 결과 엔론에 투자한 투자자들과 채권자들은 하루아침에 수백억 달러의 손해를 입었어요. 엔론의 직원 2만여 명도 연금조차 받지 못한 채 직장을 그만둬야 했지요.

파산하기 전에 엔론은 자산 규모 634억 달러에 〈포춘〉이 선정하는 세계 500대 기업 중 7위에 오른 기업이었어요.

엔론의 회계 부정

회계 정보는 기업의 가장 기본적인 정보로 물건을 얼마나 팔았고, 얼마나 수익을 거뒀으며, 빚을 얼마나 지고 있는지 등을 보여 주는 중요한 정보에요. 이를 기초로 기업이 안정적인지, 성장 가능성이 있는지, 수익성이 높은지 등을 파악할 수 있지요. 투자자들은 이 정보를 보고 기업에 투자를 할지 말지를 결정해요. 그래서 회계 정보는 일정한 원칙에 따라 작성해 외부에 공개하게끔 되어 있어요. 이를 위반할 경우 제재를 받습니다.

　이처럼 매우 중요한 회계 정보를 기업들은 때로 부정한 방식으로 조작하기도 해요. 기업의 재정 상태가 나빠지면 기업의 가치가 하락하고 파산 위험이 높아져서 필요할 때 자금 조달이 어렵기 때문이지요. 이럴 때 윤리 의식이 부족한 경영자는 실제 정보를 감추고 거짓으로 회계를 조작하는 분식 회계와 같은 회계 부정을 저지르게 됩니다.

　'분식'이란 실제보다 좋아 보이도록 거짓으로 꾸미는 것이에요. 그러니까 분식 회계는 재산이나 이익을 부풀려 재무 상태를 건전하게 보이도록 회계 정보를 포장하는 것이지요. 부실한 기업을 튼실한 기업으로 위장시키는 전형적인 사기 행위인 셈이에요. 이렇게 포장한 재무 정보를 통해 기업이 실제보다 유리한 평가를 받게 되면 자금을 조달하는 일이 쉬워지고, 기업 가치가 상승해 주가가 오르는 등 겉으로는 승승장구하게 되지요. 하지만 이것은 거짓일 뿐이지요. 이런 일이 반복되면 기업은 수많은 이해 관계자들에게 손해를 끼치고 파산할 수밖에 없어요.

　2001년 12월에 파산한 엔론이 이 같은 회계 부정을 저지르다 투자자에게 거액의 손실을 안기고 무너진 대표 사례입니다. 엔론은 무리한 사업 확장으로 빠른 시간에 회사의 규모를 키웠지만, 결국 수익이 줄어들고 자금 사정이 여의치 않게 되었어요. 그러자 자금을 조달하기 위해 거짓으로 이익을 내는 것처럼 회계를 조작하는 수법을 썼지요. 그 방법은 매우 다양했어요.

　먼저 엔론은 실제로는 빌린 돈을 마치 상품을 팔아 생긴 돈으로 위장해 빚을 감췄습니다. 예를 들어, 엔론이 해외에 발전소를 짓기 위해

은행으로부터 10억 달러를 빌렸다고 칩시다. 엔론이 은행에서 10억 달러를 빌리면 회계장부에 10억 달러의 빚이 기록되고, 투자자나 금융기관은 엔론의 부채 상황을 파악할 수 있게 되죠. 그럼 빚이 늘어난 엔론의 상황을 본 투자자는 투자를 꺼리고 채권자는 빌린 돈을 갚으라고 할 가능성이 높아져요. 그래서 엔론은 돈을 빌리는 방식이 아니라 상품을 팔아 자금을 확보한 것처럼 꾸몄어요. 이를테면 10억 달러 에너지 선물先物(일정 기간 뒤에 거래 대상물과 대금을 교환하는 매매계약)을 은행에 팔고, 동시에 1년 내에 이를 12억 달러에 되사겠다고 제안하는 방식을 썼어요. 은행 입장에서는 10억 달러를 빌려 주고 대출 만기에 원금 10억 원과 이자 2억 원까지 돌려받는 것이기에 흔쾌히 동의하죠. 이렇게 하면 엔론은 정상적인 거래로 수입이 생기고 빚은 생기지 않는 것처럼 보여요. 그런데 엔론 입장에서는 이러한 거래는 은행에서 돈을 빌리고 일정 기간 뒤에 원금과 이자를 갚아야 하는 사실상 대출인 셈이에요. 받았던 돈과 이자를 고스란히 은행에 다시 돌려줘야 하니까요. 엔론은 이런 방식으로 1992년부터 2001년까지 약 86억 달러의 빚을 감췄어요.[39]

　엔론은 또 수익을 부풀리기도 했어요. 일반적으로 기업은 물건을 판 대가로 고객에게 현금을 받으면 수익이 난 것으로 장부에 적지요. 그런데 엔론은 미래의 수익까지 끌어와 장부에 적는 방식으로 큰 이익을 낸 것처럼 조작했어요. 예를 들어 엔론이 어떤 기업과 10년 동안 가스 공급 계약을 맺었다고 하면, 엔론은 실제로 얻은 수익만 장부에 적는 것이 아니라 거래 기간 10년 동안 얻을 것으로 추정되는 이익까지 전부 적었어요. 그러다 보니 항상 실제 발생하는 이익보다 훨씬 큰

이익을 내는 것처럼 부풀려졌지요.[40]

　엔론은 또 자회사를 설립해 빚을 감추고 이익을 부풀리기까지 했어요. 1997년에 엔론은 파트너십Partnership이라는 특수한 회사를 세웠어요. 우선 엔론은 파트너십으로 하여금 금융기관으로부터 대출을 받도록 한 뒤 부실한 자산을 파트너십에 떠 넘겼어요. 엔론은 파트너십에 부실한 자산을 넘기고 금융기관으로부터 빌린 대출금을 받아 자금을 확보한 거지요. 파트너십은 엔론의 소유였기에 파트너십이 빌린 돈은 결국 엔론이 갚아야 할 빚이었어요. 그런데 파트너십은 법적으로 별도의 회사여서 파트너십이 빌린 돈은 엔론의 부채에는 잡히지 않았죠. 파트너십이 빌린 대출금만큼 엔론의 빚도 감춰진 거예요.

　이 밖에도 엔론은 다양한 방법으로 빚을 감추고 이익을 늘렸으며 손실을 숨겼어요. 그러다 보니 엔론의 기업 정보는 실제 재정 상황을 제대로 반영하지 못했지요. 2000년에 엔론은 매출액이 1,007억 달러라고 발표했지만 실제 매출액은 63억 달러에 불과했어요. 회계장부에 기록되지 않은 부채가 120억 달러에 달했지요. 순수익도 25억 7천만 달러라고 했지만, 실제로는 4억 7천 4백만 달러에 불과했어요. 하지만 투자자들은 엔론 경영진의 말만 믿고 경영 상태가 매우 좋다고 판단해 적극적으로 투자를 했지요.

회계 부정은 어떻게 가능했나

　그렇다면 미국 10대 기업 가운데 하나인 엔론이 어떻게 여러 해 동안 이러한 사실을 은폐하고 회계 부정을 저지를 수 있었을까요? 이는 기업에 대한 견제와 감시가 제대로 이뤄지지 않았기 때문에 가능했어요. 엔론의 경영진이 의사를 결정하고 이를 실행하는 과정에서 내부와 외부의 적절한 통제가 하나도 이뤄지지 않은 것이지요.

우선 경영진을 견제하고 감시해야 할 이사회가 그 역할을 제대로 하지 못했어요. 이사회는 기업 내부의 주요 임원인 사내 이사와 기업 외부의 사외 이사로 구성되어 있어요. 경영 현안에 대해 의사결정을 내리고, 경영진에게 적절한 조언을 하며, 경영진을 감시하는 것이 이사회의 역할이지요. 내부 경영진이 기업 경영 전반에 대해 경영 활동을 하면 사외 이사들이 그러한 경영 활동을 견제하는 것이지요. 말하자면 사외 이사들은 기업의 불법과 비리를 막고 경영진이 투자자에게 손해를 끼치는 행위를 하지 못하도록 철저히 감시해야 하는 책임이 있어요.

하지만 엔론의 이사회는 감시를 소홀히 했어요. 왜 그랬을까요? 엔론의 이사회에 참여하는 사외 이사들이 경영진을 지나치게 믿었기 때문이에요. 그들은 엔론 회장과 친밀한 관계를 맺고 있었고, 언론이 발표한 엔론 회장의 화려한 성공 실적이나 애널리스트(투자 분석가)들의 찬사를 의심 없이 믿었어요. 그래서 경영진을 꼼꼼하게 감시하지 못했지요. 1년에 서너 차례 열리는 이사회는 회의 시간도 짧았고, 대부분 경영진의 설명에 이의를 제기하지 않은 채 끝나기 일쑤였어요.[41]

또 사외 이사들의 독립성도 부족했어요. 사외 이사들이 경영진을 제대로 감시하려면 기업이나 경영진과 경제적 이해관계가 없어야 해요. 그래야 독립적이고 객관적인 시각에서 제대로 견제와 감시를 할 수 있지요. 하지만 엔론의 사외 이사들은 전문성은 갖췄을지 몰라도 독립성은 상당히 훼손되어 있었어요. 사외 이사의 절반 이상이 정해진 보수 외에 엔론에서 부탁한 일을 하면서 추가로 보상을 받았어요. 사외 이사 중에는 엔론이 거액을 기부하는 기관의 기관장도 있었고, 엔론과 거래를 하는 회사의 이사직을 겸하는 사람도 있었지요. 이처럼 사외 이사들이 엔론과 경제적인 이해관계로 얽혀 있다 보니 독립적이고 객관적인 위치에서 견제와 감시를 하기가 어려웠던 것이지요.

무엇보다 이사회는 여러 해에 걸쳐 기업 내부와 외부에서 문제 제기를 했는데도 적절하게 대처하지 못했어요. 사태가 커지기 전에 문제를 해결할 기회와 능력이 있었는데도 엔론이 파산할 때까지 전혀 손을 쓰지 못한 것이지요. 실제로 이사회는 엔론이 수익을 늘리고 부채를 감추는 위험한 회계 처리를 하고 있다는 사실을 알면서도 이를 여러 차례 눈감았어요. 회계 법인 아더앤더슨이 이러한 회계 처리의 위험성에 대해 보고했을 때도 이사회는 전혀 고치려는 노력을 기울이지 않았지요. 또 이사회는 실질적으로는 대출인데 마치 일반적인 거래인 양 위장해서 자금을 조달하고, 특수 목적 법인을 설립해 빚을 감추는 등 회계장부에 기록되지 않은 거래를 하는 것도 동의하고 승인했어요.

기업 내부의 견제 장치인 이사회 뿐만 아니라 외부 감독 기관도 역할을 제대로 하지 못했어요. 회계 법인은 매년 정기적으로 엔론과 같은 기업을 대상으로 회계감사를 진행해요. 회계장부를 검토해 기업이 회계 기준에 맞게 제대로 장부를 작성했는지 확인하는 것이지요. 하지만 엔론의 회계감사였던 아더앤더슨은 엔론이 허위로 작성한 회계 정보를 여러 해 동안 적정하다고 평가했어요. 엔론의 회계 정보가 기업 회계 원칙에 따라 작성되었고 기업의 재무 상태와 성과를 적절히 나타내고 있다고 감사 의견을 밝힌 것이지요. 심지어 아더앤더슨은 엔론이 회계 정보를 조작하는 데 도움을 주기도 했으며, 엔론의 회계 정보가 조작되었다는 사실을 알고도 이를 알리지 않았어요.

외부 감사 기관인 아더앤더슨이 회계 부정에 연루될 수밖에 없었던 이유는 엔론이 아더앤더슨의 중요한 고객이었기 때문이에요. 당시 아더앤더슨에게 엔론은 회계뿐 아니라 컨설팅 분야에서도 막대한 수익을 가져다줄 수 있는 주요 고객이었어요. 아더앤더슨은 엄격한 회계 감사를 할 경우 가장 큰 고객을 잃을 수도 있다는 위기감을 느꼈지요. 그래서 엔론의 조작된 회계 정보를 눈감아 주었고, 이것이 부실한 회계감사로 이어진 것이지요.

엔론 사태가 터진 뒤, 회계감사를 했던 아더앤더슨은 엔론에 대한

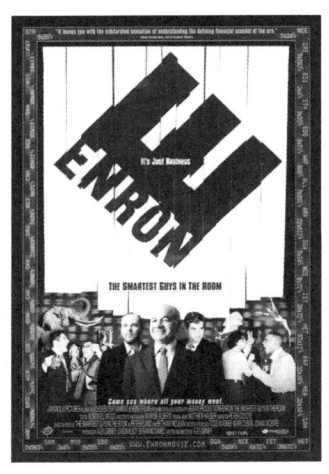

〈포춘〉 기자 베서니 맥린과 피터 엘킨드이 쓴 《엔론 스캔들》을 바탕으로 미국 역사상 최대의 스캔들로 기록된 엔론의 파산을 다룬 다큐멘터리 〈엔론:세상에서 제일 잘난 놈들〉

엔론 271

감사 관련 서류를 모두 없애 버렸어요. 엔론의 분식 회계와 부실 감사의 증거를 없애 버린 거지요. 이 때문에 엔론의 정확한 분식 회계 규모와 부실 감사 실태는 미궁으로 빠졌으며, 미국에서 다섯 손가락 안에 들던 유명 회계 법인 아더앤더슨도 신용도가 떨어져 결국 문을 닫게 되었지요.

마지막으로 엔론은 경영진의 도덕적 해이도 심각했어요. 엔론이 겉으로는 승승장구하는 것처럼 보였지만 실제로는 실적이 떨어지고 있는데도 엔론의 경영진과 임직원은 아랑곳하지 않았어요. 그들은 조작된 이익에 따라 성과급을 지급받았고 막대한 이익을 챙겼지요. 엔론이 곤경에 처했을 때도 경영진은 발 빠르게 주식을 처분해 막대한 이익을 얻었고, 파산 보호 신청 하루 전에 임직원에게 50만 달러에서 500만 달러에 이르는 특별 상여금을 지급하기도 해 큰 비난을 받았어요. 반면에 아무것도 모르는 엔론 직원들은 하루아침에 일자리를 잃었을 뿐 아니라 노후 연금으로 저축해왔던 주식이 휴지 조각이 되는 것을 바라보고만 있어야 했지요.⁴²

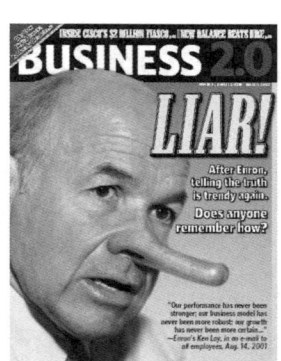

〈비즈니스 2.0〉은 2002년 3월 호 표지에서 회계 정보를 조작한 엔론의 전 회장 켄 레이를 피노키오에 빗대어 표현했다.

한국의 거대 기업도 마찬가지

　엔론뿐 아니라 한국에서도 기업의 회계 부정 사건이 자주 일어나고 있어요. 1990년대 말 외환 위기 당시에 대우, 기아, 한보, 해태 등 대기업의 분식 회계 사건이 잇따라 터졌지요. 대우그룹의 분식 회계 규모는 41조 원, 기아그룹은 4조 5천억 원, 에스케이그룹은 1조 4천억 원 등 그 규모가 엔론 못지않았어요. 2005년 금융감독원이 주식시장에 상장·등록된 기업 118개를 조사한 결과, 10곳 가운데 2곳은 분식 회계를 한 것으로 나타났어요.

　회계 부정이 만연한 시장에서는 투자자가 기업의 정보를 믿을 수 없고 투자자에게 외면 받는 기업은 주가와 신용 등급이 떨어져 결국 도산으로 이어지죠. 기업들이 줄줄이 문을 닫게 되면 나라 경제에도 큰 부담이 되고요. 한국도 외환 위기 때 대기업들의 잇단 분식 회계로 해외 투자자들이 국내 기업의 불투명성에 문제를 제기하고 투명 경영을 요구했어요.

　그러자 경영진에 대한 견제 시스템을 확보하기 위한 기업 지배 구조 개선 작업이 진행되었어요. 사외 이사를 골라 뽑고 감사위원회를 설치해 비리와 부정을 감독하도록 했으며, 소액주주의 권리를 보호하기 위한 조치들도 시행했지요. 이러한 조치로 어느 정도 기업 지배 구조에 관한 법과 제도를 갖췄다고 평가를 받기도 하지만, 여전히 지배주주와 경영진을 감독하기에는 부족해 보여요. 사외 이사가 경영진과 지배주주의 추천으로 뽑히는 경우가 많아 독립성이 부족하며, 사외 이사에게 경영 정보가 충분하게 제공되지 않아 적절한 견제를 하기 어렵기 때문이에요. 예를 들어 우리금융지주회사는 사외이사 7명 전원을 회장이 추천했고, 한국씨티은행은 사외 이사 4명 가운데 3명을 추천했어요. 그리고 41개의 금융기관이 뽑은 사외 이사의 47퍼센트를 경영진과 지배주주가 추천한 것으로 나타나 여전히 사외 이사의 독립성은 부족한 상황이에요.

또한 이사회 안건 부결율이 거의 0퍼센트에 가까워 사외 이사들이 경영진의 거수기 역할에 머무르고 있다는 비판도 있어요. 공정거래위원회가 발표한 자료(2012년 대기업 집단 지배 구조 현황 정보 공개)에 따르면, 대기업 집단 238개사의 1년간(2011년 5월~2012년 4월) 이사회 상정 안건 수는 5,692건인데, 그중 13개의 안건만 부결되었어요.

기업 지배 구조를 바꾸자

기업은 본질적으로 이윤을 창출하는 것이 목적이에요. 그래서 경영자들은 이윤 창출을 위해서라면 가능한 모든 수단을 동원하지요. 그러다 보니 회계 자료를 조작하는 일까지 벌어졌어요. 엔론은 이러한 회계 부정까지 저지르는 경영진을 이사회가 제대로 감독하지 못해 주주, 채권자, 직원들에게 막대한 피해를 입힌 대표적인 사례지요. 또 자기도취에 빠진 경영진이 기업의 장기적인 비전을 갖지 못하고 도덕성을 잃을 때 어떤 결과를 초래하는지를 여실히 보여 주었어요. 무엇보다 최고의 인재와 정보, 자금력을 가진 세계적인 기업이라 할지라도 경영진의 윤리 의식과 책임 의식이 부족하면 내부에서부터 곪아 하루

아침에 무너질 수도 있다는 사실을 일깨워 주었지요.

　이러한 문제를 막기 위해서는 무엇보다 경영진을 제대로 견제하고 감시할 수 있는 실질적인 기업 지배 구조의 개선이 이뤄져야 해요. 특히 매우 적은 지분으로 그룹사 전체에 대한 경영권을 행사하는 우리나라 재벌의 경영 형태에서는 더욱 지배주주와 경영진이 마음대로 힘을 휘두를 가능성이 높기 때문에 더욱 사외 이사들의 역할이 중요해요. 사외 이사를 선임할 때 경영진과 이해관계가 없는 사람이 추천되어야 하며, 경영진과 대주주가 선임 과정에 관여하지 않아야 하겠지요. 또 기업을 감시하고 견제하는 역할인 만큼, 주주뿐 아니라 기업의 경영 활동에 영향을 받는 채권자나 직원 등 다양한 이해 관계자의 대표가 이사로 선임될 수 있어야 할 것입니다.[43] 마지막으로 어떤 완벽한 제도를 만들더라도 그 제도를 피해 갈 구멍은 얼마든지 있기 때문에 기업의 경영진이 사회적인 책임을 다하겠다는 윤리 의식과 책임 의식을 갖는 것이 무엇보다 중요할 것입니다.

한국의 재벌이 기업을 지배하는 방식

삼성그룹, 현대자동차그룹, 에스케이그룹, 엘지그룹 등을 보통 재벌이라고 부른다. 재벌은 여러 사업에 걸쳐 많은 계열사를 보유하고 있고, 총수 일가와 친인척 등이 거대한 기업 집단을 지배하고 경영권을 행사한다.

우리나라 재벌은 총수 일가와 친인척들이 매우 적은 지분율로 수많은 계열사를 포함한 그룹 전체를 지배하는 데 문제가 있다. 순환 출자로 계열사를 늘리고 지배하는 식이다. 예를 들어 그룹 내 A기업이 B기업에 출자해 최대 주주가 된 뒤 B기업이 C기업에 출자할 경우에 A기업은 B기업과 C기업의 최대 주주로 B기업과 C기업을 동시에 지배할 수 있는 것이다.

우리나라 최대 기업인 삼성그룹을 보면, 에버랜드가 삼성생명을 지배하고, 삼성생명은 삼성전자를 지배하는 순환 출자 형태를 가지고 있다. 그래서 총수 일가는 이런 순환 출자에서 가장 꼭대기에 있는 에버랜드를 지배함으로써 그룹사 전체를 지배하며 경영권을 행사하는 것이다. 공정거래위원회 자료(2012년 주식 소유 현황 및 지분도)에 따르면, 이건희 회장의 삼성그룹 지분은 0.52퍼센트이고, 친인척 지분까지 포함하더라도 0.95퍼센트 밖에 되지 않는다. 그런데 삼성그룹 81개 계열사에 대한 절대적인 경영권을 행사하고 있다. 다른 재벌도 마찬가지다. 10대 재벌 총수의 지분율도 0.94퍼센트에 불과하지만, 그룹의 전체 계열사를 장악하고 있다.

주

1) 한스 바이스, 클라우스 베르너 《나쁜 기업》, 손주희 옮김, 프로메테우스출판사, 289쪽.
2) 〈모유 수유 실태 조사 보고서〉, 대한가족보건복지협회, 2005. 12.
3) ISO26000은 국제표준화기구가 만든 '사회 책임(Social responsibility)에 관한 표준'이다. 줄여서 SR표준이라고 부르기도 한다. 2005년 3월 브라질에서 논의가 시작되어 만들어진 표준안은 2010년 9월, 개발에 참여한 77개국을 대상으로 실시한 투표에서 93퍼센트의 찬성으로 제정되었다. ISO26000은 ILO협약, OECD다국적기업가이드라인, 세계인권선언, 유엔글로벌컴팩, 기후변화협약 등 이전에 있어왔던 (주로 기업의) 사회적 책임과 관련한 모든 국제 규범을 총 망라하고 있다. 그래서 국제사회는 ISO26000을 기업의 사회적 책임 실천 여부를 판단할 때 가장 중요한 규범으로 인정하고 있다. 이 SR 표준은 지배 구조, 인권, 노동, 환경, 공정 거래, 소비자, 지역사회 등 7개 분야에 대한 사회적 책임을 명시하고 있다. 그리고 이런 사회적 책임을 수행하기 위해서는 조직 스스로 사회적 책임을 인식하고, 조직과 관련이 있는 이해 관계자들을 조직의 운영과 의사결정 과정에 참여시키는 것이 중요하다고 강조한다.
4) '폴크스바겐, 르노, 닛산, 사내 하청 없거나 극히 일부', 〈한겨레신문〉, 2011. 10. 13.
5) 홍현호 'SSM과 대형 마트의 파괴력, 그리고 규제 방안', 〈프레시안〉, 2009. 6. 9.
6) 최윤정 '대형 마트 지역 기여도와 상생 방안 모색을 위한 토론회', 충북경실련, 2012. 6. 12.
7) '대형 마트의 진출이 중소 유통업에 미치는 영향', 중소기업청 시장지원센터, 2007.
8) 표정훈 '세계 최대 유통 기업을 일군 기업가', http://navercast.naver.com
9) Richard Drogin 'Statistical Analysis of Gerder Patterns in Wal-mart Workforce', 2003. 2.
10) 배효진 '미국 성차별 집단소송: 월마트 대 듀크 사건', 〈국제노동브리프〉, 한국노동연구원, 2011. 7, 53쪽.

11) 〈월마트 사회 책임 보고서(2012 Global Responsibility Report)〉, 48쪽.
12) 위와 같음.
13) '독일 기업 여성 임원 비율, 대기업 23% <중소기업 35%', 조선일보, 2011. 6. 10.
14) 박지희, 김유진《윤리적 소비》, 메디치미디어, 88~91쪽.
15) '나이키 '하청 공장 노동 착취' 시인', 〈한겨레신문〉, 2005. 4. 14.
16) 'Ballinger Says CSR Is a Fraud That Undermines Worker Rights', 〈Corporate Crime Reporter 22〉, 2007. 3. 24.
17) 'MS.NET의 성공 가능성과 실패 가능성에 대해 논하다', 〈inews24〉, 2001. 9. 13.
18) '인터넷 익스플로러6, 개인 정보 보호 기능에 논란 가열', 〈inews24〉, 2001. 8. 11.
19) 전국사회교사모임《사회 선생님도 궁금한 101가지 사회질문사전》, 북멘토, 239~242쪽.
20) 〈스타벅스 사회 책임 보고서(FY 2008 Global Responsibility Report)〉, 53쪽.
21) 〈스타벅스 사회 책임 보고서(FY 2008 Global Responsibility Report - Goal and Progress 2011)〉, 7쪽.
22) 위의 보고서, 8쪽.
23) 조엘 매코워《넥스트 그린 컴퍼니》, 이경남 옮김, 흐름출판, 119~124쪽.
24) MBC '김혜수의 W', 2007. 1. 26.
25) '삼성, '나이지리아 셸' 전철을 밟을 텐가', 〈오마이뉴스〉, 2008. 1. 26.
26) '쉘! 니제르 델타 기름 유출을 인정하고, 배상하고, 정화하라!', 국제앰네스티 온라인액션(http://amnesty.or.kr/ai-action/5430).
27) 박중서, '코카콜라를 만든 미국의 약제사, 존 펨버튼', http://navercast.naver.com
28) '코카콜라 원래 용도는 '두통약'', 〈주간동아 539호〉, 2006. 6. 13.
29) 김혜정 '초등학교에서 판매 금지된 코카콜라, 〈교차로신문〉, 2003. 11. 22.
30) '충격과 분노의 농약 콜라', 〈한겨레21〉, 2006. 9. 13.

31) 위와 같음.
32) Aneel Karnani, 'Coporate Social Responsibility Does Not Avert the Tragedy of the Commons-Case study: Coca-Cola India', 〈Michigan Ross School of Business, Working paper No. 1173〉, 2012, 20쪽.
33) '기름 유출 사고, 해양 생물에겐 어떤 영향을 미칠까?', 한국과학기술정보연구원 블로그 과학향기(http://scentkisti.tistory.com/617).
34) "멕시코 만 원유 유출' BP, 사상 최대 5조 원 벌금 합의', 〈이데일리〉, 2012. 11. 16.
35) '삼성중공업 '기름 유출 배상 책임이 고작 56억 원?", 〈오마이뉴스〉, 2009. 3. 25.
36) 한상운 〈한국의 해양 유류 오염 피해에 대한 법적 대응과 과제: HEBEL SPIRIT호 유류 유출 사고를 중심으로〉, 2008, 5쪽.
37) 베서니 맥린, 피터 엘킨드《엔론 스캔들》, 방명호 옮김, 서돌, 85~86쪽.
38) 박종찬 'Enron의 재무회계와 기업 지배 구조에 관한 사례 연구', 〈회계저널 제18권 제2호〉, 2009. 6, 104쪽.
39) 서영수 '미국 Enron 사 회계 부정 사건 연구: 회계 부정 유형 및 원인', 〈형사법의 신동향 통권 23호〉, 대검찰청, 2009. 12, 331~332쪽.
40) 위의 논문, 333~334쪽.
41) 박종찬 'Enron의 재무회계와 기업 지배 구조에 관한 사례 연구', 〈회계저널 제18권 제2호〉, 2009. 6, 116쪽.
42) 전영재 '엔론 파산의 파장과 교훈', 〈Issue Paper〉, 삼성경제연구소, 2002. 3, 9쪽.
43) 장정애 '기업 지배 구조 개선을 위한 이사회 제도에 관한 고찰', 〈비교사법 제17권 제3호〉, 한국비교사법학회, 2010. 9, 347~348쪽.

참고 자료

네슬레
로버트 F. 하틀리 《윤리 경영》, e매니지먼트㈜ 옮김, 21세기북스.
〈SUMMARY POSITION STATEMENT RE PROPOSED WHO INTERNATIONAL CODE FOR THE MARKETING OF BREAST MILK SUBSTITUTES〉, ICIFI, 1981. 4.
〈The baby killer〉, war on want, 1974. 3.
'The Controversy Over The Marketing of Breast Milk Subsitutes', The Council for Ethics in Economics, 1995.

현대자동차
〈2010년 사내 하도급 활용 현황〉, 고용노동부, 2010.
〈외국의 사내 하도급 파견 현황 및 제도 실태 조사〉, 고용노동부, 2010.

대형 마트
'지난 3년 홈플러스 청주점에 무슨 일이', 〈시사인〉, 2012. 4. 30.
www.tescopoly.org

월마트
월마트 다양성 홈페이지(http://coporate.walmart/global-responsibility/diversity-inclusion)
월마트 집단소송 사이트(http://www.walmartclass.com/publichome.html)
배효진 '미국 성차별 집단소송: 월마트 대 듀크 사건', 〈국제노동브리프〉, 한국노동연구원, 2011. 7.
Richard Drogin 'Statistical Analysis of Gender Patterns in WAL-MART Workforce', 2003.

나이키

나이키 사회 책임 홈페이지(http://www.nikeinc.com/pages/responsibility)
이원재《내 인생에 가장 값비싼 MIT MBA 강의노트》, 원앤원북스.
이원재, '나이키-세계의 황태자, 노동 착취 기업, 그리고 사회 책임 기업까지', http://blog.hani.co.kr/goodeconomy/26197
Richard M. Locke 'The Promise and Perils of Globalization: The Case of Nike', MIT Sloan School of Management, 2003.

마이크로소프트

심슨 가핀켈《데이터베이스 제국》, 데이터베이스진흥센터 옮김, 2001, 한빛미디어.
함께하는시민행동〈금융기관과 인터넷에서의 개인 정보 공유 현황 실태 조사〉, 국가인권위원회, 2003.
Olena Dmytrenko & Ali Nardali, '.NET Passport under the Scrutiny of U.S. and EU Privacy Law: Implications for the Future of Online Authentification', I/S: A Journal of Law and Policy for the Information Society. Vol 1. Issue 2-3. 2005

스타벅스

글로벌익스체인지 스타벅스 캠페인(http://www.globalexchange.org/fairtrade/coffee/faq)
〈스타벅스 사회 책임 보고서(FY 2008 Global Responsibility Report)〉
스타벅스 사회 책임 홈페이지(http://www.istarbucks.co.kr/responsibility)
전국사회교사모임《사회 선생님도 궁금한 101가지 사회질문사전》, 북멘토.

셸

'Don't spend that dollar! At least not on Shell products', 시에라클럽 NEWLETTER, 1998. 6.

'Response from Shell regarding the Accufacts assessment of the 2008 Bodo oil spill, Amnesty International, 2012. 4. 20.

⟨Shell Sustainability Report⟩, 2011.

코카콜라

⟨코카콜라 2011년 연차 보고서(2011 Annual Review)⟩

⟨코카콜라 2010/2011 지속 가능 보고서(2010/2011 Sustainability Report)

코카콜라 캠페인(http://killercoke.org/crimes_india.php, http://www.indiaresource.org/campaigns/coke/index.html)

Aneel Karnani 'Coporate Social Responsibility Does Not Avert the Tragedy of the Commons-Case study: Coca-Cola India', ⟨Michigan Ross School of Business, Working paper No. 1173⟩, 2012.

'Executive summary of the study on independent third party assessment of Coca-Cola facilities in India', The Energy and Resources Institute, 2008.

Amit Srivastava 'Coca-Cola and Water-An Unsustainable Relationship', 인도자원센터, 2006. 3. 8.

드비어스

그레그 캠벨 《다이아몬드 잔혹사》, 김승욱 옮김, 작가정신.

⟨A ROUGH TRADE⟩, Global Witness, 1996. 5.

⟨KIMBERLEY PROCESS CERTIFICATION SCHEME⟩, http://www.kimberleyprocess.

com
'Return of the Blood Diamond', Global Witness, 2010.

삼성중공업과 BP
멕시코 만 기름 유출 피해 보상 보고서(Gulf of Mexico Oil Spill claims and other Payments Public Report), 2012. 10. 31.
한상운 '한국의 해양 유류 오염 피해에 대한 법적 대응과 과제 : HEBEI SPIRIT호 유류 유출 사고를 중심으로', 〈환경정책연구 제7권 제3호〉, 2008.
〈허베이스피리트 호 유류 오염 사고 백서 : 피해보상편1〉, 국토해양부, 2010.
한낙현 '1990년 유류 오염법상의 책임 제도에 관한 연구 : 멕시코 만 원유 유출 사고를 중심으로', 〈해운물류연구 제27권 제1호〉, 2011. 3.

엔론
김준기 'Enron의 기업 지배 구조의 실패와 미국의 Sarbanes-Oxley Act of 2002', 〈기업지배구조연구 2002년 가을 Vol.4〉, 2002년 9월.
박종찬 'Enron의 재무회계와 기업 지배 구조에 관한 사례 연구', 〈회계저널 제18권 제2호〉, 2009. 6.
베서니 맥린, 피터 엘킨드 《엔론 스캔들》, 방명호 옮김, 서돌.
서영수 '미국 Enron사 회계 부정 사건 연구: 회계 부정 유형 및 원인', 〈형사법의 신동향 통권 제23호〉, 대검찰청, 2009. 12.
장정애 '기업 지배 구조 개선을 위한 이사회 제도에 관한 고찰', 〈비교사법 제17권 제3호〉, 한국비교사법학회, 2010. 9.
전영재 '엔론 파산의 파장과 교훈', 〈Issue Paper〉, 삼성경제연구소, 2002. 3.